D1706011

Martin Ordolff arbeitet als Journalist für das ZDF in Mainz, vorrangig in den Bereichen Wirtschaft und Umwelt. Zuvor war er mehrere Jahre Autor und Schlussredakteur im »heute-journal«. Seine Erfahrung von zahlreichen Berichten aus dem In- und Ausland gibt er in Seminaren zu verschiedenen Themen weiter. Er ist zudem Autor des Buches »Fernsehjournalismus« (2005).
Kontakt: ordolff.m@zdf.de

Stefan Wachtel, Dr. phil., ist Senior Coach bei »ExpertExecutive« in Frankfurt am Main und berät Spitzenmanager für öffentliche Auftritte. Er war zuvor TV-Sprecher und Trainer bei ARD und ZDF. Autor u. a. von »Sprechen und Moderieren in Hörfunk und Fernsehen« (6. Aufl. 2009), »Schreiben fürs Hören« (3. Aufl. 2003) und »Rhetorik und Public Relations« (2003).
Kontakt: stefan.wachtel@expertexecutive.de

Martin Ordolff
Stefan Wachtel

Texten für TV

3., überarbeitete Auflage

UVK Verlagsgesellschaft mbH

Praktischer Journalismus
Band 74

Bibliografische Information der Deutschen Nationalbibliothek
Die Deutsche Nationalbibliothek verzeichnet diese Publikation in der
Deutschen Nationalbibliografie; detaillierte bibliografische Daten sind
im Internet über http://dnb.d-nb.de abrufbar.

ISSN 1617-3570
ISBN 978-3-86764-144-9

1. Auflage 1997
2. Auflage 2004
3. Auflage 2009

© UVK Verlagsgesellschaft mbH, Konstanz 2009

Einbandgestaltung: Susanne Fuellhaas, Konstanz
Titelfoto: iStock International Inc.
Lektorat und Satz: Klose Textmanagement, Berlin
Druck: fgb · freiburger graphische betriebe, Freiburg

UVK Verlagsgesellschaft mbH
Schützenstr. 24 · D-78462 Konstanz
Tel.: 07531-9053-0 · Fax: 07531-9053-98
www.uvk.de

Inhalt

Vorwort

Oft wird sie angeprangert, die fehlende Qualität beim journalistischen Fernsehen. Langweilig, unverständlich und immer das Gleiche. So lauten häufig die Vorwürfe. Und in der Tat: Bei unseren Recherchen für dieses Buch stießen wir neben vielen guten Beiträgen auch immer wieder auf Beispiele, die den Kritikern Recht geben. Dabei geht es nicht nur um die Inhalte, sondern auch um die Art und Weise, wie sie den Zuschauern präsentiert werden. Dabei spielt eine Gestaltungsebene des Berichtens fürs Fernsehen eine entscheidende Rolle: Der Text.

Verworrene Sätze, Ausdrücke, die nur Fachleute verstehen oder Text- und Bildaussagen, die auseinanderklaffen: Das sind nur einige Belege für formal schlechten Fernsehjournalismus, der uns in vielen TV-Texten immer wieder begegnete. Oft stießen wir auf journalistische Stilformen, die für das Fernsehen nicht geeignet sind. Zu lange Sätze etwa erschweren das Verstehen von Fernsehbeiträgen, auch wenn sie in Zeitungsartikeln durchaus üblich sind. Immer wieder trafen wir zudem auf die Sprache des Radios, die Vorgänge und Ereignisse exakt beschreibt und deshalb für das Bildmedium Fernsehen nur bedingt brauchbar ist. Plattitüden, Klischees oder ausgetretene Wendungen wie – »im Vorfeld wurde abgeklärt« oder – »in Zukunft bleibt zu hoffen« – kamen oft hinzu. Auch das mangelhafte Zusammenspiel von Text und Bild erwies sich häufig als problematisch: »Hinzu kommt, dass Fernsehen halt wesentlich mit Sehen zu tun hat und die Bilder, die es da zu sehen gibt, in ständiger Konkurrenz zum Wort stehen. Sind es starke Bilder, so lösen sie Emotionen beim Betrachter aus und übertönen die Wortbotschaft so laut, bis sie kaum noch zu vernehmen ist. Sind es, wie oft, Verlegenheitsbilder, so lenken sie immerhin vom Wort ab, indem sie dem Betrachter das Kunststück abverlangen, sich alle paar Sekunden auf einen neuen Raum, auf einen neuen Menschen, auf eine neue Szene einstellen zu müssen, während ihm zusätzlich Worte ins Ohr tropfen.«[1]

Um die Verständlichkeit von Fernsehbeiträgen steht es schlecht. Das belegen mehrere Untersuchungen in der Medienwirkungsforschung. Selbst ausgewählte Probanden konnten in wissenschaftlichen Tests nur selten mehr als zehn Prozent der Inhalte einer Nachrichtensendung behalten.[2] Auch Peter Sicking kommt in seiner Studie »Leben ohne Fernsehen«, in der er die Motive von Fernsehverweigerern untersuchte, zu einem Ergebnis, das die Qualität der Berichterstattung infrage stellt: »Bei den weiteren Gründen für eine Ablehnung für die fernsehlose Lebensgestaltung der aktiven Nichtseher steht die überaus kritische Bewertung des Fernsehprogramms an erster Stelle. Sowohl die Machart des Fernsehprogramms als auch die inhaltlichen Programmangebote werden durchgehend als minderwertig empfunden.«[3]

Wir glauben, dass die schlechte Verständlichkeit von Fernsehbeiträgen nicht den Zuschauern angelastet werden kann. Die Ursache ist zumeist in den oben genannten Gründen zu suchen. Es gilt, Fernsehbeiträge so verständlich wie möglich zu machen, ohne dass sie dabei an Attraktivität oder Spannung verlieren.

»Texten für TV« hat sich als zeitloses Buch erwiesen. Zugunsten einer leichten Lesbarkeit verzichten wir auf detaillierte Literaturverweise im Text. Nicht nachgewiesene Zitate stammen aus Gesprächen, die wir mit Reportern und Filmemachern führten.

Das Buch enthält Tipps für die Praxis und macht Vorschläge zum verständlichen Texten. Einen wissenschaftlichen Anspruch erhebt es nicht. Im zweiten Teil geben wir spezielle Empfehlungen für die verschiedenen Fernsehgenres. Die Beispiele basieren auf leicht veränderten Originaltexten. Autoren und Sendedaten geben wir nicht an. Es kommt uns nicht darauf an, die Urheber der Beiträge hervorzuheben oder zu diskreditieren. Wir leiten aus den Beispielen lediglich unsere Vorschläge ab.

Wir danken Joachim Filliés, Hans-Dieter Grabe, Halim Hosny, Harald Jung, Christian Kirsch, Klaus M. Klose, Jens Monath, Ulli Rothaus, Rüdiger Steiner und Bodo Witzke.

Frankfurt/M. und Mainz,   Martin Ordolff
Januar 2009   Stefan Wachtel

Einführung

»Für Bilder ist es ein Leichtes, sich gegen Worte durchzusetzen und die Besinnung kurzzuschließen«, schrieb Neil Postman[4]. Im Kern hat diese These bis heute Gültigkeit. An der Dominanz des Bildes, der sich der Text erwehren muss, hat sich nicht viel geändert. Hans Magnus Enzensberger nannte die Bildfunktion gar »ein wollüstiges Interesse«[5]. Der Text hat es schwer, in Zeiten immer schnellerer Schnitte und perfekterer Bilder erst recht. Das Fernsehen ist zuerst ein Bildmedium, erst dann ein Textmedium, hört man in der Branche immer wieder.

Untersuchungen der Wirkungsforschung geben den Redakteuren Recht: Zuschauer erinnern sich besser an Inhalte, die sie in einem Fernseh-Bericht sehen, als an Inhalte, die ihnen ein Sprecher vorliest[6]. Dabei läuft der Text in vielen Fällen dem Bild hinterher, oft genug in ungewollte Richtungen. Häufig sind die Wörter zum Bild unverständlich, nicht selten missverständlich und manchmal auch langweilig.

Das Fernsehen war nie der klassische Ort der Erörterung, des komplexen Für und Wider. Das mag man bedauern oder nicht. Es war wieder Postman, der über das Fernsehen sagte, »dass es den Gehalt von Ideen unterdrücken muss, um den Ansprüchen optischer Anziehungskraft, d. h. den Wertmaßstäben des Mediums zu genügen.«[7] Steht bei Fernsehberichten also die Attraktivität des Bildes gegen Inhalt und Text? So weit ist es glücklicherweise noch nicht, aber eine solche Tendenz ist deutlich zu erkennen.

»Erst die visuellen Techniken, allen voran das Fernsehen, sind in der Lage, die Last der Sprache wirklich abzuwerfen und alles, was einst Programm, Bedeutung, »Inhalt« hieß, zu liquidieren.«[8] Entgegen Enzensbergers zynischem Befund wird das Fernsehen wohl nicht sprachlos werden. Fest steht jedoch: Fernsehjournalisten haben es schwer, komplizierte Sachverhalte verständlich zu vermitteln. Komplexe Entwicklungen oder abstrakte Beschreibungen lassen sich leichter in der Zeitung abhandeln als im Fernsehen, das auf wenige Aspekte verkürzen muss. Deshalb sind dem Fernsehen durchaus Grenzen gesetzt. Es erzielt zwar eine breite Wirkung, aber Zeitung und Hörfunk haben geeignetere Darstellungsmöglichkeiten für vertiefende Information[9]. Fernsehmacher sollten daher nicht den Anspruch erheben, über alles vollständig berichten zu wollen. Fernsehen kann – neben der Aussagekraft der Bilder – meist nur punktuelle Informationen liefern.

Was bedeutet das alles für den Text? Die Sprache des Autors soll den Zuschauer anziehen. Allerdings nur so weit, wie es der Information dient. Niemals sollten Inhalte alleine der »schönen« Form wegen geopfert werden. Die Verständlichkeit des Textes muss das vorrangige Ziel sein. Der Fernsehjournalist sollte versuchen, sich in die Aufnahmefähigkeit des Zuschauers zu versetzen. Dabei spielt auch die Emotionalität eine wichtige Rolle. Nur wenn der Zuschauer bereit ist, sich auf ein Thema einzulassen, wird er sich den kompletten Beitrag ansehen. Diesen Fakt muss der Autor beim Texten berücksichtigen. Allein durch die Vermittlung von Fakten lässt sich der Zuschauer nur selten packen, mit einem Text, der mit Inhalten überfrachtet ist, gar nicht: »Bei allem angeblichen Respekt für die Fakten an sich, sieht die Wahrheit so aus, dass unser Adrenalinspiegel am heftigsten steigt, wenn uns diese in ansprechender Form präsentiert werden. Wenn ein Autor oder Redner die elektrisierende Wirkung eines treffenden Vergleichs, einer blühenden Metapher kennt, verleiht seine Wortwahl unseren Gefühlen Kraft; seine Sprache findet unser Interesse, unsere Zustimmung und bewegt uns zum Handeln. Wenn Shakespeare spricht, wenn Lincoln eine Rede hält, dann bewegt und nicht das, was sie uns mitteilen, sondern die großartige Weise, in der sie sich ausdrücken.«[10]

Von einem Reporter werden Informationen erwartet, die den Bildern entsprechen. Es kommt nicht darauf an, als besonders gebildet zu erscheinen oder sich als Sprachkünstler zu präsentieren. Häufig erschweren besonders ausgeklügelte Formulierungen das Verstehen eines Beitrages. Ein attraktiver Stil ist nur fernsehtauglich, wenn er dem Inhalt dient. Viele Autoren sind glänzende Bildkomponisten. Manchmal fehlt es ihnen allerdings an Methode und Sprachgefühl für den Text. So wird dieses Handwerk hin und wieder vernachlässigt. Dabei muss der Text Inhalte vermitteln können, die der Zuschauer den Bildern allein nicht entnehmen kann. Der Autor eines Fernsehtextes sollte deshalb folgende Punkte berücksichtigen:

Erstens: Rhetorische und journalistische Qualität

In der Anfangszeit der elektronischen Medien war Aufklärung das vorrangige Ziel der Texte. Die Journalisten, die sich am Fernsehen versuchten, kamen fast alle von den Printmedien. Sie übernahmen den ihnen vertrauten Schreibstil auch für Fernsehtexte. Die Aussagekraft der Bilder ignorierten sie fast immer. Die Texte hatten häufig literarische Breite und enthielten lange verschachtelte Sätze. Solche Texte waren eher fürs Lesen als fürs Hören geeignet. Diese Art des Textens erschwert das Verstehen von Fernsehbeiträgen. Seine ursprüngliche Aufgabe, »die sichtbare Oberfläche der Bilder zu durchstoßen und die Hintergründe sichtbar zu machen«[11], kann ein solcher Fernsehtext meist nicht erfüllen.

Ein TV-Beitrag soll glaubwürdig sein. Das ist er nur, wenn er den Zuschauer erreicht. Die Voraussetzung dafür ist eben die Verständlichkeit. Ein Beitrag kann einen interessanten Inhalt haben, bildlich gut umgesetzt und wasserdicht recherchiert sein. Ist er nicht verständlich, kann er nicht den Anspruch auf Qualität erheben.

Zweitens: Kürze der Sendezeit

Die Dauer vieler TV-Beiträge geht kaum über wenige Minuten hinaus. In diesen vorgegebenen zeitlichen Rahmen muss der Text passen. Ohne wenn und aber. Immer wieder heißt es, es sei nicht möglich, wichtige Informationen in dieser kurzen Zeit abzuhandeln. Traurige Aussichten für den Text. Es gilt, Kompromisse zu finden zwischen der Vermittlung von vielen Informationen und der Kürze der Sendezeit.

Drittens: Text und Bild müssen einander ergänzen

»Eine Photographie der Krupp-Werke oder der AEG ergibt beinahe nichts über diese Institute.«[12] Das schrieb schon Bertolt Brecht. Bilder allein lassen immer mehrere Interpretationen zu. Deshalb sollte der Text das Verstehen der Bilder lenken. Dafür müssen sich Bild und Text möglichst gut ergänzen. Vereinfacht ausgedrückt heißt das: Die Bilder »zeigen«, der Text »sagt«, und beide sollen Hand in Hand gehen.

In vielen Beiträgen wollen die Bilder einfach nicht zum Text passen. Bernward Wember untersuchte 1974 Informationsfilme eines großen Fernsehsenders auf ihre Verständlichkeit. Immer wieder stellte er erhebliche Missverhältnisse zwischen Bild und Text fest. Er beschäftigte sich zunächst nur mit den Bildern. Dabei kam er unter anderem zu folgenden Ergebnissen:[13]
- Bilder werden aufgrund ihres »Augenkitzels« ausgewählt;
- Bildinhalte werden durch bestimmte Kameraeinstellungen bewusst intensiviert;
- Bewegungen werden bevorzugt verwendet.

Inhaltlich motiviert war die Vorgehensweise der Redakteure nur selten. Offenbar ging es darum, vor allem die Aufmerksamkeit der Zuschauer zu fesseln. Wember stellte zudem fest, dass Bild und Text oft auseinanderklaffen. Schwer zu illustrierende Aussagen der Reporter wurden häufig von einer thematisch zusammenhanglosen Bilderflut überschwemmt.

An diesem Umstand hat sich bis heute nicht viel geändert. Im Gegenteil: Schnitt-geschwindigkeit und Textdichte haben sich sogar noch erhöht. Zwar haben sich Seh- und Hörgewohnheiten der Zuschauer an die heute übliche Berichterstattung im Fernsehen angepasst. Aber Vorsicht: Sehgewohnheiten, das wird gern verges-sen, sind nicht Verstehensmaßstäbe. Möglicherweise werden schnelle Schnitte und dicht getextete Sätze heute als weniger störend empfunden als vor über zwanzig Jahren – wirklich verstanden werden viele Berichte deshalb noch lange nicht.

Warum werden diese Probleme trotzdem so häufig vernachlässigt? Sicher nicht, um die Zuschauer bewusst zu irritieren. Mangelnde Produktionszeit ist zweifel-los ein Grund. Allerdings kommen auch fehlendes Problembewusstsein, unzurei-chende Sorgfalt und manchmal sogar handwerkliche Unzulänglichkeiten hinzu.

Gerade um diese Unzulänglichkeiten zu vermeiden, gibt es Richtlinien. Manche dieser Richtlinien sind längst bekannt, andere vielleicht noch nicht. Möglicher-weise werden sie auch einfach nur in der täglichen Praxis vernachlässigt. Wir wol-len in diesem Buch kein Reglement erarbeiten, dass sich in diesem Zusammenhang als zu starr erweisen würde. Der Text muss mit den Bildern mitschwingen, in einen Dialog mit ihnen treten. Bei einem Regelwerk droht die Gefahr, dass dies zu wenig berücksichtigt wird. Damit wären wir beim Handwerkszeug – und das ist weitaus komplizierter, als die simplen Begriffe »Text« und »Bild« ahnen lassen.

1 Die zwei Sinne

1.1 Botschaften an Augen und Ohren senden

»Das Auge ist ein durch seine Beweglichkeit gerichtetes, gezielt einsetzbares und verschließbares, aktives Sinnesorgan. Es vermittelt gestaltkräftige Informationen über ein bestimmtes Objekt. Das Ohr ist demgegenüber passiv, unbeweglich, kaum gerichtet und nicht verschließbar.«[14] Wer Bild und Text sinnvoll zusammenbringen will, muss ihre verschiedenen Wirkungen und Tücken kennen. Das Verstehen von Bild und Text geschieht auf sehr unterschiedliche Weise. Der Zuschauer gerät in eine Zwickmühle: Soll er sich auf das Bild oder den Text konzentrieren? Beiden in gleichem Maße zu folgen, ist oft nicht möglich. Vor allem bei dichtem Inhalt beider Kanäle bleibt vieles unverstanden. Häufig erregen schon allein die Bilder aufgrund ihrer Attraktivität die volle Aufmerksamkeit. Das führt zu einer eindeutigen, manchmal ungewollten Dominanz über den Text. Im Extremfall »verkommt der Text zu einem reinen Plätschern, zu einer plappernden Geräuschkulisse.«[15]

Trotzdem gehen viele TV-Journalisten unbewusst davon aus, dass die Aufnahme von Text und Bild gleichzeitig in derselben Intensität möglich sind. Fragwürdig bleibt, ob verstehende Aufmerksamkeit überhaupt in ein und derselben Sekunde auf zwei Sinnesqualitäten aufteilbar ist. Wenn überhaupt, gelingt das nur in Passagen mit geringer Informationsdichte. In den meisten Fällen kommt es zu einem Wechsel. Dieser Wechsel von »Bild wahrnehmen« zu »Text wahrnehmen« ist für den Zuschauer die entscheidende Voraussetzung, um Fernsehbeiträge verstehen zu können. Im Idealfall stünde einmal das Bild im Vordergrund, ein anderes Mal der Text. Starke Bilder und starker Text wechseln dann einander ab, mit schwächeren Inhalten auf der jeweils anderen Ebene. Man kann sich den Wechsel auch wie zwei ineinander verschränkte Sinus- und Kosinuskurven vorstellen.[16]

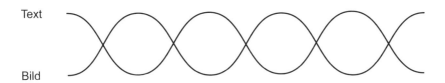

Text

Bild

Damit die Inhalte sich nicht gegenseitig behindern, ist immer wieder die Verknüpfung beider Kanäle notwendig. Erst wenn die neue Szene erläutert oder der neue Schauplatz beschrieben ist, darf der Text zusätzliche Informationen liefern, die nicht vom Bild gedeckt sind. Er muss versuchen, die Aussagen an konkreten Bildinhalten aufzuhängen. »Es ist wie beim Punktschweißen: Der Text muss in kurzen Abständen am Bild festgemacht werden.«[17]

1.2   Bilder verstehen

»Für Bilder gibt es kein ABC. Um die Bedeutung von Bildern verstehen zu lernen, benötigen wir keinen Unterricht in Grammatik, Rechtschreiben, Logik oder Wortkunde. Wir benötigen nichts, was einer Schulfibel entspräche, keine Hausaufgaben und keine Voraussetzungen schaffende Ausbildung. Das Fernsehen verlangt keine besonderen Fähigkeiten und entwickelt auch keine Fähigkeiten.«[18] Eine grammatisch definierte »Bildersprache« gibt es nicht. Dennoch ist es möglich, Bildverstehen zu beschreiben. Die Wahrnehmung von Bildern setzt im menschlichen Gehirn einen komplizierten Prozess in Gang. Deshalb folgen nun einige theoretische Erläuterungen.

Zunächst ein kurzer Blick auf die unterschiedlichen Funktionen der beiden Gehirnhälften. Die linke Seite ist vorrangig für das Logische der Sprache zuständig. Dazu später mehr.

Wir konzentrieren uns zunächst auf die rechte Gehirnhälfte. Sie ist für das »Anschauliche« zuständig und nimmt folglich auch Bilder wahr.[19] Was attraktiv und anziehend ist, wird eher wahrgenommen als anderes. Die rechte Hälfte nimmt die Bilder nicht einzeln, sondern immer ungegliedert und fließend wahr.

Bilder sprechen eher die emotionalen Bedürfnisse des Zuschauers an als der Text. Der Fernsehjournalist muss diese Wirkung berücksichtigen, denn häufig widersprechen sich »reizvolle« Bilder und die Vermittlung von Information. Eine Dominanz des Bildes über weite Strecken eines Beitrages ist also – wahrnehmungspsychologisch betrachtet – nur dann sinnvoll, wenn die Gefühle des Zuschauers angesprochen werden sollen. Jedes attraktive Bild aber nimmt dem Text Aufmerksamkeit, so dass ein Verstehen beider Kanäle erschwert ist. Die Folge kann eine »pausenlose Gängelung der Aufmerksamkeit« sein.[20] Verstanden ist damit noch nichts. Möglicherweise fühlt sich der Zuschauer sogar informiert. Meist ist er es nicht.

Je stärker die Reize des Bildes sind, desto stärker wird die Aufnahmefähigkeit des Zuschauers gefordert. Bewegungsreize können ein Bild attraktiver machen, inhaltlich können sie durchaus stören. Der Zuschauer kann den Einordnungen oder Hintergründen dann nur noch sehr schwer folgen – das ist bei gerade bei Informationsfilmen in großes Manko. Bild-Intensivierungen können sinnvoll sein, aber nur, wenn sie dem Verständnis eines Berichtes dienen. Bei Beiträgen mit hohem Bewegungsreiz erhält der Zuschauer in den meisten Fällen keine brauchbaren Informationen. Im Extremfall folgt er dann nur noch den Reizen – mehr oder weniger bewusstlos. Hellmut Geißner beschreibt diesen Zustand als Degenerierung des Zuschauers:

> »Während die ›Glotze‹ allenfalls im ausgeschalteten bzw. programmlosen Zustand so aussieht wie ein Glotzauge, starrt sie, sobald das Programm läuft, nicht mehr milchig und ›blöd‹. Vielmehr kennzeichnen diese Attribute jetzt den Glotzenden … Nicht die Glotze glotzt, sondern der in die Glotze Glotzende … Der von der Glotze passiv gemachte Glotzende ist es, der ›verständnislos starrt‹.«[21]

Je attraktiver die Bilder sind, desto stärker wirken sie. Starke Bilder sind zwar häufig reizvoll, doch trotzdem nicht immer die geeigneten Bilder. Bei langen Kameraeinstellungen und ruhigen Bildern beispielsweise hat der Zuschauer die Möglichkeit, sich auf den Text zu konzentrieren. Solche eher schwachen Bilder erfordern weniger Aufmerksamkeit, die so dem Text zur Verfügung steht. Damit ist jedoch keinesfalls gesagt, dass auf die Wirkung von starken Bildern verzichtet werden soll. Die Bildwahrnehmung sollte die Textwahrnehmung nur nicht allzu sehr beeinträchtigen.

Bilder wahrzunehmen heißt aber noch nicht Bilder zu verstehen. Verstehen ist ein komplexer Vorgang. Der Zuschauer versteht Bilder immer in ihrem Zusammenhang, nie als Einzelbilder. Im seinem Bewusstsein verschmelzen die Bilder, so dass der Inhalt eines Bildes immer mit dem darauf folgenden Beziehungen eingeht. Diese Wirkung der Bilderwahrnehmung muss der Autor beachten. Anderenfalls könnten sich Probleme für informative Bilder ergeben, die als einzelne ausgewählt wurden und als solche verstanden werden sollten. Da die Bildinformationen nicht immer klar trennbar sind, könnten so Informationen vermittelt werden, die in dieser Weise nicht erwünscht waren.

Solche Bedeutungsverschmelzungen kommen in der Fernseh-Praxis häufig vor.[22] Laufende Beine sind zu sehen, und nach einem Umschnitt das Innere eines Zimmers. Der Zuschauer könnte meinen, dass der Mensch dessen Beine er zuvor sah, jetzt gleich in das Zimmer läuft. In solchen Fällen muss der Text klar trennen, was im Auge des Zuschauers verschmolzen ist. In unserem Beispiel wäre folgender Text möglich:

> Während Herr Peter noch immer durch die Stadt hetzt, herrscht im Büro
> die Ruhe des Feierabends.

Der verständlichste Beitrag scheint daher das Erklärstück[23] mit Grafiken und Standbildern zu sein. Nur, dafür ist Fernsehen eigentlich nicht gemacht. Deshalb gilt: Sie sollten allenfalls als »Krücken« dienen, falls der Autor bildarme Themen bearbeiten muss. Wenn also keine geeigneten Bilder mit passender Aussage vorhanden sind, ist eine Grafik sinnvoller als nichtssagende Bilder. Wird beispielsweise über Wirtschaftsdaten informiert, ist häufig ein Zoom auf die Eingangspforte des zuständigen Ministeriums zu sehen, geradeso, als könne man die Immobilie beschwören, Informationen herauszurücken. In solchen Fällen bieten sich für die Daten eher Standbilder oder Grafiken an.

Untersuchungen belegen, dass Zuschauer sich bei langen Einstellungen besser an Inhalte erinnern können als bei kurzen.[24]. Allerdings wäre auch hier der Umkehrschluss – künftig nur lange Einstellungen zu verwenden – falsch. Ein Beitrag ohne Berücksichtigung des Augenkitzels ist nicht fernsehtauglich und wenig attraktiv – Langeweile verzeiht das Medium nicht. Wie so oft liegt die Wahrheit in der Mitte. Der Autor sollte bei jeder Einstellung kritisch prüfen, ob er sie als reinen Augenkitzel verwendet oder ob sie auch eine inhaltliche beziehungsweise dramaturgische Berechtigung hat. Fernseh-Information muss auf das Reizbedürfnis des Menschen Rücksicht nehmen. Deshalb sollten statische Bildeinstellungen nicht zu lange stehen. Sind etwa Redeausschnitte länger als fünfzig Sekunden, wird der Zuschauer seine Aufmerksamkeit bald verlieren. Immer derselbe sprechende Kopf bietet keinen visuellen Reiz. Nur ein neues Bild kann dann die Aufmerksamkeit des Zuschauers zurückgewinnen.

1.3 Gesprochenen Text verstehen

Die »Informationen« des Textes nimmt die linke Gehirnhälfte wahr, die die logischen Operationen vollzieht. Das ist der Platz für die Fakten, also für das Analytische der Sprache. Ja und nein, für und wider, vorher und nachher lassen sich so benennen. Im Gegensatz zur bildhaften Wahrnehmung werden die Fakten beim auditiven Verstehen in einzelnen Schritten aufgenommen. Gesprochener Text ist immer gegliedert. Die Wortgruppen und Sätze sind durch Sprechpausen getrennt. Die einzelnen Laute versteht das Gehirn, indem es zum Beispiel entscheidet, ob es sich um ein »o« oder ein »u« handelt. Streng genommen gelingt das Verstehen nicht über einzelne Laute, sondern über Begriffe und Wortgruppen, die die linke

Gehirnhälfte als bekannt erkennt und deshalb einordnen kann. Gesprochene Sprache ist immer in Sinnschritte gegliedert.[25]

Versteht der Zuschauer über das Ohr, verbindet er das, was er hört, mit seinem Vorwissen und setzt beides sinnvoll in Beziehung zueinander. Hier ist auch die rechte Gehirnhälfte beteiligt. Sie nimmt nicht nur die TV-Bilder auf, sondern auch das Bildhafte der Sprache, vor allem anschauliche Begriffe.[26] Auch die Stimme vermittelt sich fließend. Durch sie werden diese Bilder im Kopf erzeugt. Melodie, Klang und den Wechsel der Lautstärke, all das nimmt die rechte Gehirnhälfte auf.

Die Wortwahl kann durch Bildhaftigkeit das Verstehen fördern. Das hat zwei Konsequenzen: Der Redakteur sollte bildhaft vor sich sehen, was er schreiben will. Allerdings dürfen die »Wort-Bilder« nicht eng gehäuft auftreten. Sie wären schon als reiner Text ohne Fernsehbild zu dicht[27], was folgendes Beispiel zeigt. Der Zuschauer kann eine solche Fülle dann nur sehr schwer verarbeiten:

> Heute im Buchmagazin: Jewgeni Jewtuschenko, einst Wolf im Schafspelz der Sowjetunion, Enfant terrible und Spiritus Rector einer bahnbrechenden Bewegung, heute literarischer Held par excellence.

Texte für das Hören leiden vor allem an zu hoher Informationsdichte. Häufig sind Textpassagen zu komprimiert und wollen in zu kurzer Zeit zu viel sagen. Die folgende Textpassage ist zu dicht; sie spricht von Dingen, die nicht eingeführt sind – und das alles in zehn Sekunden – der Text kommt vom Hundertsten ins Tausendste:

> In Hamburg – mit Blick aus der Ferne gewissermaßen – entstehen auch seine Geschichten. Um ihn herum Bücher von Kindheit bis heute, seine ersten Krimis, entstanden mit 14 Jahren und natürlich: ein Foto der Heimat – früher war halt alles anders, ein Spruch, den schon seine Mutter immer sagte.

Wer textet, meint auf nichts verzichten zu können. Ein dogmatisch verstandener Journalismus wäre es aber, alle wichtigen Informationen immer in wenigen Sätzen unterbringen zu wollen. In Nachrichtenfilmen muss das getan werden. Allerdings macht diese Praxis der Verdichtung viele Texte schwer verständlich.[28] Die Menge verstehbarer Information durch das Hören unterliegt engen Grenzen, was folgendes Beispiel zeigt. Der Text war vor der Abnahme flüssig, nach der Verdichtung eine Akrobatik für Sprecher und Zuschauer (Die nachträglich eingefügten Textpassagen sind groß geschrieben, der ursprüngliche Text des Autors steht in Klammern):

Rostock gegen St. Pauli. Verraucht sind die Vorkommnisse des Vor-
jahres, als die Partie kurz vor dem Abbruch stand. Diesmal will die Polizei
schon IM VORFELD (vorher) hart GEGEN EVENTUELLE STÖREN-
FRIEDE AUS DER IMMER STÄRKER WERDENDEN HOOLIGAN-
SZENE durchgreifen. Weiter ungewiss ist AUF ST. PAULI die Zukunft
von Martin Driller. DER AGILE STÜRMER (Er) fordert eine STRIKTE
Entscheidung über einen neuen VIERJAHRESVertrag, was WIEDERUM
für den Verein undenkbar ist. ›Wir lassen uns nicht unter Zugzwang setzen‹, sagte DER NORDVEREIN-Präsident Weisener.

Schon in einzelnen Sätzen stört die Verdichtung das Verstehen beim einmaligen
Hören:

Aber weil er ein alter Spießer ist, behauptete der Oscar, die Monroe hätte
das, was ihr an Schauspieltiefe fehlt, auch an Hingabe und Können, in
ihre Oberweite investiert.

Eigentlich nicht einmal ein sehr langer Satz, aber zu tief verschachtelt. Selbst
scheinbar schon einfache Sätze wie

Die Verpackung ist mit dem Zusatz für die Zubereitung von Babynahrung
geeignet versehen.

können hörverständlicher werden:

Auf der Verpackung ist vermerkt: Für Babynahrung geeignet.

Erst wenn die Text-Bilder entzerrt sind, erreichen sie den Zuschauer. Der Text sollte
bildhaft sein, denn auch das Ohr kommt nur schwer ohne Anschaulichkeit aus.
Zahlen oder abstrakte Begriffe werden hörend nur sehr schlecht verstanden. Was
keine Bilder im Kopf erzeugt, wird häufig überhört oder sogar ›weggehört‹:

Der PLO-Chef und der irakische Außenminister haben gestern in Bagdad die Notwendigkeit für die arabische Welt und die internationale
Gemeinschaft betont, wirksame Maßnahmen für eine Begrenzung der
israelischen Macht zu ergreifen.

Das Hörverstehen wird auch durch typisch mündliche Gelenkwörter wie »darum«, »im Gegenteil«, »aber«, »außerdem«, »inzwischen« gefördert. Sie zeigen Verbindungen zwischen den Sätzen an und leiten so den Zuschauer durch den Text. Gelenkwörter sind wichtig, weil sie – da sie oft am Satzanfang stehen – die Verstehensrichtung anzeigen. Der falsche Gebrauch dieser Wörter ist deshalb fatal. Der Zuhörer wird den Zusammenhang der Sätze nicht mehr verstehen. Darum sollte man den Text genau darauf prüfen, ob nicht doch irgendwo »aber« steht, wo »auch« gemeint war.

2 Sprache

2.1 Schreiben fürs Hören

Fernsehtexte müssen leicht sprechbar und für das einmalige Hören geeignet sein.[29] Der Text muss deshalb in sich schlüssig sein und einen einfachen Satzbau haben. Grundsätzlich gilt: Was sich nachlesen lässt, kann kompliziert sein. Alles, was beim einmaligen Hören unverständlich ist, hat in einem Fernsehtext nichts zu suchen. Das gilt besonders für die Sprache der Nachrichtenagenturen, die vornehmlich für Zeitungen schreiben. Die Formulierungen der Agenturen sollten deshalb auch nicht in Fernsehtexte übernommen werden. Wir weisen im folgendem auf mehrere Punkte hin, die dazu beitragen, Texte hörverständlich zu machen.

Einfache Sätze

Für das Ohr sind komplexe Inhalte immer problematisch. Als Beispiel dazu die Übersetzung einer englischen Interview-Aussage, die neben den gehäuften Zahlenangaben zu komplizierte Sätze enthält. Solche Sätze sind beim einmaligen Hören nicht zu verstehen:

> Nun erweist sich Meloxicam in allen diesen Tests gegen COX-2 als stärker wirksam als gegen COX-1. Das Verhältnis ist unterschiedlich hoch: In den Tests mit humanen Zellen betrug es 10 zu 1, in unseren Tests 2 zu 1 und in den Tests von Boehringer Ingelheim 3 zu 1. Es ist aber immer höher und Sie müssen wissen, dass Substanzen wie Aspirin ein umgekehrtes Verhältnis von 50 zu 1 aufweisen, das heißt, sie sind 50mal stärker wirksam gegen COX-1 als gegen COX-2. Indometacin wirkt gegen COX-1 ungefähr 100mal stärker als gegen COX-2, und für Piroxicam und andere Substanzen liegt das jeweilige Verhältnis zwischen 100 und 200 zu 1.

Kurze Sätze

Lange, verschachtelte Sätze erschweren die Verständlichkeit. Aber warum ist das so? Mündliche Sätze entstehen um eine Hauptaussage herum. Sie werden meist in einem Schritt geplant und gesprochen. In der Regel sollten die Sätze in einem Fernsehtext deshalb so kurz sein, dass sie in einem Zug verstanden werden können. Lange Sätze enthalten mehrere Sinnkerne mit verschiedenen Inhalten. Welcher dieser Kerne dem Autor wichtig ist, um seine Geschichte inhaltlich voranzutreiben, ist für den Zuschauer beim einmaligen Hören nicht nachzuvollziehen. Zu viele unterschiedliche Sinnkerne erschweren dem Zuschauer die Orientierung und die Einordnung.

Zudem erhöhen lange Sätze das Sprechtempo. Selbst bei Zeitungsnachrichten gibt es Richtlinien, aus wie vielen Wörtern ein Satz bestehen sollte[30]. Bei Sätzen für Fernsehtexte sollten es nur in Ausnahmefällen mehr als zehn sein. Schließlich sollten die Sätze immer mündliche Sinnschritte sein, die auf Anhieb verständlich sind. Statt eines langen Satzes sind zwei kürzere leichter zu verstehen wie folgendes Beispiel zeigt:

> Bei einem möglichen Sturz sind Hände und Gelenk gut geschützt und das Verletzungsrisiko verringert.

Besser:

> Bei einem möglichen Sturz sind Hände und Gelenk gut geschützt. Folglich verletzt man sich nicht so leicht.

Kurze Sätze, das heißt aber nicht, dass die Satzformen den ganzen Text über stark verkürzt sein sollen. Insofern ist die »Fernseh-Sprache« eben nicht mündlich. Das folgende Beispiel liegt uns in zwei Fassungen vor. Der ursprüngliche Text zeigt eine natürliche und mündliche Sprache. Er wurde dann vermeintlich »fernsehgemäß« umgeschrieben und enthält nun die kurzen Sätze: Ellipsen, die immer einen »abgehackten« Sprechstil nach sich ziehen und einzeln hingeworfene Einzelwörter mit Doppelpunkt wie etwa »Betroffen:«. Als Beispiel erst der Text des Autors, danach der vermeintliche Fernsehstil:

Fassung 1 (Text des Autors)

00:03   Schule in Deutschland – jetzt immer auch am Samstag?
Die Schüler dieser 11. Klasse eines Gymnasiums sind zur
Hälfte dafür, zur Hälfte dagegen.

00:15   (O-Ton Schüler)
Auch Studienrat Manfred Hewer müsste einen Tag mehr in
die Penne – ganz schön anstrengend.
Für Schüler und Lehrer würde sich vieles ändern, vor allem
der Tagesablauf unter der Woche.

00:27 – 00:55   Am Samstag anwesend sein wäre für Lehrer künftig Pflicht.
Freistunden wären mit Aufsichtsfunktionen gefüllt, Teamar-
beit wäre gefordert.
Der Zeitplan entzerrt – Es gäbe weniger Klassenarbeiten
und sture Wissensvermittlung. Mehr erzieherische Arbeit
wäre möglich.
Berufstätigen Eltern könnte der Vorschlag neue Möglichkeiten eröffnen. Viele Mütter wünschen sich gerade das.

Fassung 2 (vermeintlicher Fernsehstil)

00:03   Mehr Zeit zum Toben.
Weniger Stillsitzen.
Längere Pausen und Spielstunden.
Unterricht auch am Samstag.
Betroffen: die Schüler

00:15 – 00:27   (O-Ton Schüler)

00:27   Schule am Samstag – eine Alternative zum bisherigen
System?
Die Schüler sind geteilter Meinung

00:41	Als Erzieher gefragt
	Als Lehrer geduldet
	Bezugsperson auch am Samstag
	Betroffen: die Lehrer.
	Anwesenheit – künftig Pflicht.
	Kein Leerlauf mehr in der Freistunde –
	Teamarbeit – erwünscht.
00:55	Die Aufgabe der Lehrer wird sich erweitern. Neben Inhalten
	sind nun stärker die erzieherischen Fähigkeiten gefordert.
	Schule auch am Samstag – ein neues Kapitel.
	Chance für viele Eltern – besonders berufstätige.

Hilfsverb und Partizip gehören zusammen

In der deutschen Grammatik werden Hilfsverb und Partizip häufig auseinandergerissen. Das kann den Zuschauer beim einmaligen Hören verwirren. Fast immer ist es die zweite Satzhälfte, die dem Satz den Sinn gibt. In vielen Sätzen erfährt der Zuschauer die volle Bedeutung erst mit dem letzten Wort. Ein Beispiel:

> Die Finanzierung der Renten ist auch nach den neuen Plänen, die der Arbeitsminister gestern vorstellte, umstritten.

Bis zum letzten Wort bleibt der Zuschauer darüber im Unklaren, was denn nun mit der Finanzierung der Renten los ist. Sie hätte in unserem Beispiel ja auch »sicher« sein können. Je weiter Hilfsverb und Partizip auseinanderrücken, desto schwerer hat es der Zuschauer. Es empfiehlt sich, Hilfsverb und Partizip nicht zu trennen. In unserem Beispiel:

> Die Finanzierung der Renten ist weiter umstritten. Daran ändern auch die neuen Pläne nichts, die der Arbeitsminister gestern vorstellte.

Infinitivkonstruktionen vermeiden

Infinitivkonstruktionen wirken gesprochen gestelzt und umständlich. Ein Beispiel:

> Der FDP-Generalsekretär warf der SPD vor, auf Kosten der Liberalen von eigenen Problemen ablenken zu wollen.

Dieser Satz lässt sich entzerren, indem das Verb nach vorn gezogen wird. Dadurch wird die Satzklammer vermieden:

> Der FDP-Generalsekretär hat der SPD schwere Vorwürfe gemacht. Sie wolle auf Kosten der Liberalen von eigenen Problemen ablenken.

Nominalstil vermeiden – Verben bevorzugen

Nominalstil ermöglicht es, Informationen sehr komprimiert unterzubringen. Diese Dichte ist jedoch für das einmalige Hören nicht geeignet. Benutzt der Autor mehrmals den Nominalstil, wird der Zuschauer leicht überfordert. Deshalb gilt: Ein Text sollte nie mit Substantiven überladen werden. Verben sind bei vergleichbarem Bildgehalt immer anschaulicher: »Besser als Substantive sind in jedem Fall die Verben – niemals ein Substantiv verwenden, wo ein Verb denselben Dienst versieht.«[31]

Manche haben noch in der Schule den Begriff »Tu-Wort« für das Verb gelernt. Diese Bezeichnung trifft den Kern der Sache. In der Tat sind Verben die Wörter, die Aktion und Dynamik in die Texte bringen: »Das Königswort der Sprache ist das Verb. Alles, was geschieht, lässt sich nur in Verben fassen, und wenn nichts geschähe auf Erden, hätten wir auch nichts zu sagen.«[32]

Zudem erfordert der Nominalstil häufig Präpositionen. Dadurch können sich Schwierigkeiten der Zuordnung ergeben:

> Die Schaffung von neuen Arbeitsplätzen für die Jugend, die Sicherstellung der Renten und die Minderung der Belastung der Umwelt, sind die zentralen Herausforderungen an die Politik.

Dieser Satz ist wesentlich anschaulicher, wenn der Autor auf den Nominalstil verzichtet:

Neue Arbeitsplätze für die Jugend schaffen, die Renten sichern und die Umwelt weniger belasten: Das sind die zentralen Herausforderungen an die Politik.

Grammatikalisch unvollständig texten (elliptisch texten)

Als eine Variante des Textens für Fernsehbeiträge ist das elliptische Texten geeignet. Es kann einen Text auflockern und für Varianten sorgen. Das Bild transportiert zudem häufig Informationen, die im Text nicht mehr angesprochen werden müssen.

Für die Amerikaner, der Staatsfeind Nummer eins. Der Drahtzieher hinter so vielen blutigen Anschlägen. Als Sohn des Bauunternehmers Mohammed 1955 in der Nähe von Mekka geboren. Eines von 54 Kindern. Schon im Alter von 15 Jahren übernimmt Osama die Geschäfte des Vaters. Verdient damit ein Vermögen.

Im Beispiel fehlt mal das Verb, mal das Hilfsverb, mal das Substantiv. Doch Vorsicht: Zu häufiger Einsatz des elliptischen Textens kann zu einem Schlagzeilenstil führen, der nicht mehr hörerfreundlich ist. Es kommt auf die richtige Mischung von Hauptsätzen, Nebensätzen und elliptischen Sätzen an.

Vorsicht mit Fremdwörtern, Fachwörtern und Abkürzungen

Fremdwörter, Fachwörter, und Abkürzungen erschweren das Verstehen eines Fernsehtextes. Die Hörverständlichkeit ist dahin, wenn der Zuschauer seine Konzentration vorrangig darauf richten muss, einzelne Wörter zu entschlüsseln. Schwierige Begriffe sollte der Autor deshalb definieren, Abkürzungen auflösen und Fremdwörter durch deutsche Bezeichnungen ersetzten oder sachgerecht umschreiben. Dann begibt er sich auch nicht in die Gefahr Fremdwörter in einem falschen Zusammenhang anzuwenden:

»Verwechselte Fremdwörter findet man ständig und überall. Ein Klassiker sind die karikativen Zwecke, die den karitativen Spendenaufruf zur sprachlichen Karikatur werden lassen.«[33]

Natürlich darf das Umschreiben der Fremdwörter aber auch nicht übertrieben werden. Begriffe wie »Koalition«, »Gentechnik« oder »UNO« braucht der Autor nicht zu erklären. Sind Fremdwörter, Fachwörter und Abkürzungen in den allgemeinen Sprachgebrauch übergegangen, können sie problemlos benutzt werden.

Sparsam mit Adjektiven

Fast immer sind Adjektive in Fernsehtexten entbehrlich. Häufig sind sie wertend oder beschreibend. Beides ist mit Vorsicht zu genießen. Sind Adjektive beschreibend, ist die Gefahr einer Doppelung von Text und Bild groß:

> Dunkle Wolken ziehen auf über dem Berliner Regierungsviertel …

Zu sehen sind im Bild die dunklen Wolken. Diese Information bringt den Zuschauer nicht weiter. Er kann es ja sehen. Wertende Adjektive können dazu führen, dass der Autor die objektive Ebene des Berichterstatters verlässt:

> Dieser wunderschöne Reitersaal ist der ganze Stolz der Fürstin.

Es ist durchaus möglich, dass der Zuschauer die Einschätzung des Autors bezüglich der Schönheit des Saales nicht teilt und sich deshalb über das Adjektiv ärgert. Sol Stein plädiert im Umgang mit den Adjektiven für einen simplen Test:

> »Um das Tempo einer Geschichte zu steigern und gleichzeitig ihre Stärken herauszustellen, empfiehlt es sich, sämtlich Adjektive herauszunehmen und nach sorgfältiger Prüfung nur die wenigen notwendigen wieder einzufügen.«[34]

Außerdem können Adjektive sinnlose Doppelungen fördern wie beispielsweise »schwere Verwüstungen«, (wer hat je leichte Verwüstungen gesehen?). Auch werden Adjektive häufig unnötig als Superlative verwendet:[35]

> Die bisher verheerendste Katastrophe in der Geschichte der amerikanischen Luftfahrt.

Sinnvoll eingesetzt sind Adjektive, wenn sie ergänzende Informationen geben, die der Zuschauer dem Bild alleine nicht entnehmen kann:

> Diese antike Perlenkette ist ein Geschenk der Erbtante.

Auch um emotionale Inhalte eines Beitrages zu unterstützen – beispielsweise bei Porträts oder Charakterisierungen – können Adjektive durchaus wirkungsvoll sein:

> Ein schüchterner Mensch im wahren Leben, ein selbstverliebter Held auf der Leinwand.

Aktiv besser als Passiv

Das Aktiv ist für mündliche Texte immer geeigneter als das Passiv. Der Grund ist, dass der Zuschauer das Gefühl bekommt am Geschehen teil zu haben und es mitzuerleben. Zudem ist das Aktiv konkreter. Es benennt immer die handelnden Personen:

> Seit Stunden arbeiten die fünf Maurer jetzt schon ohne Pause. Und noch immer macht der Architekt Druck …

Im Passiv sind diese Sätze deutlich weiter entfernt von der Wahrnehmung der Zuschauer:

> Seit Stunden wird jetzt schon ohne Pause gearbeitet. Und noch immer wird Druck gemacht.

Außerdem hat das Passiv den Effekt, dass der Zuschauer das Sinn gebende Verb erst am Ende des Satzes erfährt. Auch das fördert die Verständlichkeit eines Textes nicht.

Der Autor sollte deshalb immer überprüfen, ob er die Passage nicht auch im Aktiv formulieren kann. Es gibt jedoch zwei Ausnahmen von dieser Regel, die Wolf Schneider benennt:

> »Zulässig ist das Passiv, wenn die handelnde Person uns nicht zu interessieren braucht (Der Bahnhof wird um Mitternacht geschlossen) oder wenn übermenschliche Kräfte wüten (Die Deichkrone wurde auf hundert Meter weggespült). In allen anderen Fällen ist das Passiv entweder eine Unsitte oder der Fluchtweg des Schreibers, der die handelnden Personen nicht in Erfahrung bringen konnte.«[36]

Sorgsam mit Superlativen umgehen

Fernsehautoren neigen häufig dazu ihre Geschichten möglichst eindrucksvoll zu präsentieren – und schießen dabei gerne einmal über das Ziel hinaus. Im Text äußert sich das oft im Gebrauch von Superlativen. Hier ist Vorsicht geboten. Nur in wenigen Fällen ist der Superlativ wirklich berechtigt:

> »Wer mit Hochstapelei nichts im Sinn hat, wird es begrüßen, wenn nicht alles bis ins Unermessliche gesteigert wird. Manchmal dient es einer Sache mehr, wenn man auf Komparativ und Superlativ verzichtet und einfach auf dem Teppich bleibt.«[37]

Richtig unsinnig ist es, wenn der Autor den Versuch unternimmt einen Superlativ noch zu steigern: »Den Super-GAU, z.B. gibt es nicht. GAU ist die Abkürzung für den größten anzunehmenden Unfall. Größer als der Größte geht nicht.«[38]

Partizipien vermeiden

> Das in erster und zweiter Lesung vom Parlament gebilligte Projekt war von der Armee nachdrücklich unterstützt worden.

Häufig reduzieren Partizipien gewisse Ereignisse oder Handlungen auf Attribute. Die Folge ist eine große Informationsdichte innerhalb eines Satzes. Das erschwert die Verständlichkeit eines gesprochenen Textes. Auch hier ist der Weg zurück zum Verb der beste:

> Das Parlament hat das Projekt in erster und zweiter Lesung gebilligt. Es war von der Armee nachdrücklich unterstützt worden.

Vorsicht mit Zahlen

Die Mitteilung statistischer Daten vermittelt dem Zuhörer nur wenig nachvollziehbare Information. Zusammenhänge und Verhältnisangaben sind oft deutlicher als Zahlen. Werden Zahlen in einem Fernsehtext benutzt, sollten sie auf- oder abgerundet werden. Sparsam mit Zahlen umzugehen, ist immer geboten. Wenn Zahlen in einem Text gehäuft auftreten, sind sie schwer aufzunehmen und zu behalten. Meist ist dann die Verständlichkeit dahin:

29

> Je größer man ist, desto höher muss auch der Fahrradrahmen sein. Die eigene Beinlänge mal 0,665 minus je nach Anspruch 3 bis 8 Zentimetern, ergibt die Rahmenhöhe. Ein Beispiel: Nehmen wir eine Beinlänge von 77 Zentimetern multipliziert mit dem Mountainbikefaktor minus dem Mittelwert 5 Zentimeter macht das 46,2.

Der Trend, der mit der Zahlenangabe angegeben werden soll, ist wichtiger als die zweite oder gar dritte Stelle hinter dem Komma. Die Gewichtsangabe

> Doppelt so schwer wie ein ausgewachsener Elefant

ist wesentlich anschaulicher als die exakte Zahl der Kilos. Ein solcher Vergleich reicht als grobe Orientierung für den Zuschauer meist aus.

Nicht zwanghaft nach Synonymen suchen

Synonyme sind sinnvoll, um einen Text variantenreich zu gestalten. Allerdings darf man den Gebrauch von Synonymen nicht übertreiben, wie das folgende Beispiel zeigt. Zu Beginn des Filmes ist von einem Mann die Rede, der etwas gestohlen hat. Um nicht noch einmal von Hubert F. sprechen zu müssen, variiert der Autor im Verlauf des Textes immer wieder die Ansprache für den Protagonisten des Filmes:

> der mutmaßliche Dieb

ist für das Verstehen noch hilfreich, aber dann wird aus Hubert F.

> der begeisterte Tennisspieler

oder

> der leidenschaftliche Junggeselle

Und schließlich wurde

> dem alteingesessenen Vorort-Kölner

der Prozess gemacht. Diese Varianten helfen nicht gegen die Gleichförmigkeit. Das Gegenteil ist der Fall: Sie können den Zuschauer verwirren. Zwanghaft gesuchte Synonyme sind auch nicht informativer, zumal das Ansprechen weiterer Eigenschaften wie

> der gelegentliche Biertrinker

nicht zum Verstehen des Filmes beiträgt. In solchen Fällen sollte sich der Autor nicht scheuen, den Namen »Hubert F.« mehrmals zu benutzen. Der mündliche Text braucht solche wiederholenden Elemente, auch dann, wenn er durch Bildinformationen gestützt ist. Außerdem werden die Synonyme in der Sprachaufnahme meist betont, weil sie irrtümlich für etwas Neues gehalten werden, obwohl sie für etwas längst Bekanntes stehen und keine Betonung mehr tragen dürfen.

Vorsicht vor eigenen Wortschöpfungen

Auf der Suche nach der treffenden Formulierung kreieren Fernsehjournalisten manchmal Wörter, die es gar nicht gibt. Die Hörverständlichkeit wird dadurch erschwert. Viele Schöpfungen sind zudem wenig originell, manchmal sogar von unfreiwilliger Komik:

> Der Kreis Gütersloh gilt als die schweinedichteste Region Deutschlands.

Auf Rhythmus und Balance achten

Manche Sätze sind im Schriftdeutsch grammatikalisch absolut korrekt, für das mündliche aber nicht geeignet. »Sätze sind wie Bauwerke«, schreiben Bodo Witzke und Ulli Rothaus, »sie brauchen eine ausbalancierte Statik. Und sie machen mehr Freude, wenn man sich in ihnen zurecht findet.«[39]
Ein Beispiel für einen ungeeigneten Satz im Fernsehen:

> Der Mann vom Niederrhein, der weltweit als Elefanten-Experte anerkannt ist und der auch schon mal in Diensten des Sultans von Brunei war, ist auch jetzt, obwohl er im nächsten Jahr 65 wird, immer noch zwei Monate im Jahr in Südostasien unterwegs.

Rhythmus und Balance bleiben erhalten, wenn dieser Satz entzerrt und besser portioniert wird:

Der Mann vom Niederrhein, weltweit anerkannt als Elefanten-Experte. Auch schon mal in Diensten des Sultans von Brunei. Noch immer ist er zwei Monate im Jahr in Südostasien unterwegs – trotz seines Alters. Er wird im nächsten Jahr 65.

Den Satzbau variieren

Die Hinweise auf kurze Sätze führen gelegentlich dazu, dass Autoren von Fernsehtexten in einen Stakkatostil verfallen. Gelungene Texte zeichnen sich durch Variation aus: »Eine Abfolge von Sätzen, die mit demselben Wort beginnen ist meist holprig zu lesen, und auch bei wechselnden Wörtern sollten sich nicht mehrere Sätze hintereinander der immer selben Konstruktion Subjekt-Prädikat-Objekt bedienen.«[40]

Das Beispiel wirkt durch die immer gleichen Sätze monoton:

Es dämmert. Sie werden aktiv. Sie huschen vorbei wie Schatten. Auf ihren Beutezügen. Es gibt viele Legenden über sie. Für manche sind sie gruselig und unheimlich. Bei Tag nicht. Moritz, die Breiflügelfledermaus ist friedlich.

Zwar ist die folgende Version etwas länger, aber für das einmalige Hören deutlich angenehmer. Das liegt an den sprachlichen Varianten im Satzbau, die sich in diesem Text wiederfinden:

Wenn die Dämmerung hereinbricht, werden sie aktiv. Wie Schatten huschen sie vorbei, auf ihren Beutezügen. Viele Legenden gibt es über Fledermäuse und für manche sind sie gruselig und unheimlich, die lautlosen Jäger der Nacht. Bei Tag sieht das ganz anders aus. Moritz, die Breitflügelfledermaus ist ein friedliches Kerlchen.

Allgemeingültige, nichts sagende Ausdrücke und Phrasen vermeiden

Bei jedem Autor sollten die Alarmglocken klingeln, wenn er in seinem Text allgemeingültige Begriffe verwendet, die auf alles passen und für jeden Beitrag funktionieren würden. Formulierungen wie

bleibt abzuwarten

oder

> wird die Zukunft zeigen

lassen sich auf jedes Thema anwenden. Der Autor benutzt sie als Platzhalter und erweckt beim Zuschauer den Eindruck, dass ihm nichts Besseres eingefallen ist.

Gerade in Nachrichtentexten wird gerne der Sprachgebrauch der Politiker übernommen: Ausdrücke wie

> die Entwicklung der Lage«, die gemeinsame Anstrengung aller …

oder

> wir müssen Maßnahmen ergreifen …

sind eher auf das Verwässern von Inhalten ausgerichtet und keinesfalls konkret. Sie verfolgen das Ziel, sich nicht festlegen zu müssen und sich viele Optionen offen zu halten.[41] In der Politik vielleicht sogar nachvollziehbar. In journalistischen Texten jedoch, haben solche Phrasen keine Berechtigung.[42]

2.2 Texten fürs Sprechen

Der Autor oder Sprecher »muss in der Sendung nicht mehr denken, sondern nur sprechen«, wird gelegentlich empfohlen.[43] Nicht immer ist das ironisch gemeint. Sinnvoll vorlesen heißt aber immer »sprechdenken«, nicht nur Laute nach Buchstaben wiedergeben. Ein Text kann deshalb nur so gut sein, wie er leicht und natürlich vorlesend sprechbar ist. Lässt sich der Satz nicht »sprechdenken«, wird auch das Sprechen schwerer, vor allem bei der Betonung und manchmal sogar beim Atmen. Ein Satz ist »mündlich« geschrieben, wenn er leicht sprechbar ist. Nur dann ist Sinn erfassendes Lesen möglich.

Lange und dichte Textpassagen sind auch für den Sprechenden hinderlich. Hohe Dichte verlangt häufigere Betonungen. Das wiederum behindert die Sprechbarkeit und dadurch auch die Verständlichkeit. Stellt der Autor in der Sprachaufnahme fest, dass ein Text zu lang ist, muss er – notfalls auch auf Kosten des Inhalts – Teile des Textes streichen.

Hauptaussage nach hinten

Wie muss ein Satz getextet sein, damit er, wenn er gesprochen wird, leicht zu verstehen ist? Dazu zunächst ein schwer zu sprechendes Beispiel:

> Nicht selten sind Gallensteine Ursache der Beschwerden.

Was würde man in diesem Satz betonen? Wahrscheinlich die »Ursache« oder die »Beschwerden«. Beim Vorlesen gerät der Sprechende mit der Satzbetonung meist nach hinten. Üblicherweise steht das Wichtigste ohnehin im hinteren Teil des Satzes. Das Wichtigste im oben genannten Beispiel sind die »Gallensteine«. Die Betonung müsste demnach auf den »Gallensteinen« liegen. Hätte der Autor den Beispielsatz zunächst vor sich hin gesprochen und erst dann aufgeschrieben, sähe er vermutlich so aus:

> Ursachen der Beschwerden sind nicht selten Gallensteine.

Auch viele andere scheinbar ganz »normale« Sätze lassen sich nur schlecht betonen, weil sie das Wichtigste am Anfang sagen, die Betonung aber beim Vorlesen an das Satzende zieht:

> Bei Lillian Mousli sind Ölgemälde – eigentlich den Museen vorbehalten – die <u>Grundlage</u> ihrer <u>Comicstorys</u>.

Hier muss sich der Zuschauer gleich mit zwei Problemen auseinandersetzen. Zum einen ist der Satz verschachtelt, also »tiefer« als viele mündliche Sätze des Alltags. Zum anderen trägt auch er das Wichtigste vorn. Die Zeichnerin aus dem Bericht verarbeitet Motive von <u>Ölgemälden</u>. Normalerweise säße diese Hauptaussage im hinteren Teil des Satzes. Was passiert nun? Der Autor muss sehr wahrscheinlich auch am Satzende betonen. Was wir damit als Wichtigstes erfahren, ist, dass sie etwas zur Grundlage ihrer Comicstorys macht. Das ist dem Zuschauer sicherlich im Verlauf des Beitrages bereits klar geworden. Besser wäre gewesen:

> Die Grundlage der Comicstorys von Lillian Mousli sind Ölgemälde. Eigentlich sind diese den Museen vorbehalten.

Beide Sätze tragen nun die Hauptaussage hinten, wo sie besser zu verstehen ist.

Generell sollte also das Wichtigere nachgestellt werden, wie im folgenden Beispiel:

Fay Weldon nimmt sie gründlich auseinander, die Männerherrschaft in Englands Mittelklassewohnzimmern – mit spitzer Feder, schwarzem Humor und Bestsellertiteln.

Rhetorisch pointiert nachstellen lässt sich alles, was zuspitzt.

Die Protagonistin wird unversehens zur Erzählerin, zur Erzählerin einer Geschichte, einer Geschichte ohne Ende.

Manche Sätze sollte man so »drehen«, dass das Wichtige, Neue nach hinten kommt. Hat man geschrieben

Heinrich Hoffmann hat diese Geschichten erfunden.

und ist Hoffmann das Neue, weil eben schon von den Geschichten die Rede war, dann sollte der Satz heißen:

Erfunden hat diese Geschichten Heinrich Hoffmann.

Die Empfehlung für sprechbare Texte heißt: »Die Neuigkeit ans Ende des Satzes.«[44]

Tiefe Sätze

Selbst relativ kurze Sätze können tief verschachtelt sein:

Diese Allmacht wollte er mit diesem Bild, das so grotesk ist, ausdrücken, und damit eine Art Archetypus schaffen.

Die dazu nötigen Pausen lassen sich schwer einhalten, sie wären zu häufig und unterbrächen den Textfluss. Besser wäre es, in diesem Satz das eingeschachtelte Verb nach vorn zu ziehen:

Diese Allmacht wollte er mit dem grotesken Bild ausdrücken und damit eine Art Archetypus schaffen.

Noch leichter sprechbar und anhörbar ist es auch hier, den Einschub gänzlich wegzulassen. Er ist ein eigener Gedanke, der auf diese Art frei sprechend nicht benutzt würde. Lineare Formulierungen sind immer am besten verständlich: Aus einem Eingangssatz wie

> Auch heute noch, die Halde aus einem Gemisch von rund 10.000 Tonnen Sprengstoffresten und Schleifschlamm, sie ist noch da.

sollte werden:

> Ein Gemisch von 10.000 Tonnen Sprengstoffresten und Schleifschlamm. Die Halde ist auch heute noch da.

Zeitformen

Immer wieder werden Plusquamperfekt, Perfekt und Imperfekt falsch benutzt. Fernsehberichte zeigen häufig Dinge, die sich vor kurzer Zeit ereignet haben. Die Zeitform dafür ist überwiegend das Perfekt:

> Der Minister hat seinen Rücktritt erklärt.

In diesem Beispiel geht es um eine Tatsache, die in der Vergangenheit liegt, aber noch einen direkten Bezug zur Gegenwart hat. Der Minister hat seinen Rücktritt erklärt. Das hat Folgen für die Politik. Das Perfekt schlägt also eine Brücke zwischen Vergangenheit und Gegenwart.[45] An Stelle des Perfekts hier das Imperfekt zu benutzen ist stilistisch fragwürdig und von der Sprache des Zuschauers weit entfernt.

Das Imperfekt kennzeichnet ein vergangenes und abgeschlossenes System. Es wird benutzt, sobald der Autor mithilfe des Perfekts den Schritt aus der Gegenwart in die Vergangenheit gemacht hat. Nach dem Satz:

> Der Minister hat seinen Rücktritt erklärt.

können die folgenden Sätze im Imperfekt folgen:

> Als Grund nannte er familiäre Probleme. Näher wollte er sich nicht äußern.

Plusquamperfekt, die so genannte Vorvergangenheit, wird verwendet, wenn die Vorgeschichte einer Handlung in der Vergangenheit geschildert werden soll:

> Der Minister hatte sich schon vor zwei Wochen zum Rücktritt entschlossen …

Diese Form drückt aus, dass ein Geschehen vor einem anderen Geschehen, das in der Vergangenheit stattgefunden hat, abgelaufen ist. Hat das Plusquamperfekt den Zeitenwechsel deutlich gemacht, darf mit dem Imperfekt fortgefahren werden:

> Gestern Abend sagte er, sein Entschluss sei nicht von der aktuellen politischen Lage abhängig.

Häufig wird in einem Beitrag streng dieselbe Zeitform gewählt. Das muss nicht immer sinnvoll sein. In einer längeren Reportage etwa lässt sich Spannung auch durch einen Wechsel der Zeitform ausdrücken, was folgendes Beispiel zeigt:

> Sie liefen schon seit Stunden durch den Dschungel. Verzweifelt suchte der kleine Trupp der Rebellen nach seinem Kommandanten. Sie überquerten eine Lichtung. Plötzlich steht er vor ihnen.

Allerdings muss diese dramaturgische Funktion für den Zuschauer nachvollziehbar sein. Keineswegs darf sie falsche Assoziationen hervorrufen. Zeitformen können innerhalb eines Textes wechseln. Allerdings sollte das nicht ständig passieren. Im folgenden
Beispiel hört eine Geschichte mit der Vergangenheitsform auf und mündet in der Schlussbemerkung in das Präsens. Das verwirrt:

> Jetzt musste jeder für sich noch ein bisschen üben, und dann gehören auch wir zu denjenigen, die Snowboard fahren können.

Zungenbrecher

Beim lauten Lesen eines geschriebenen Textes wird man auf Sätze aufmerksam, die im Schriftdeutschen durchaus akzeptabel aber schwer zu sprechen sind. So ist zum Beispiel

> Bushs Sprecher Fitzwater

ein Zungenbrecher, der sich bequem in

> Fitzwater, der Sprecher von Bush

umwandeln und damit leichter lesen ließe. Das heißt allerdings nicht, dass inhaltlich unvermeidliche Wörter ersetzt werden dürfen, nur weil sie schwer zu sprechen sind. Austauschen sollte man sie nur, wenn dadurch die Aussage nicht leidet.

Howalds Werke Deutsche Werft A.G.

zum Beispiel ist ein feststehender Firmenname, der sich nicht einfach vermeiden lässt. Der Autor muss den Begriff zumindest einmal nennen. Er kann danach die Abkürzung HDW vorstellen und im weiteren Verlauf des Textes mit dem Kürzel fortfahren. So lässt sich der Zungenbrecher dann vermeiden.

2.3   Klischees und Metaphern

Es begann damit, dass ein Redakteur so überwältigt von dem letzten Wahlergebnis war, so dass er nach gewaltigen Bildern suchte, um es zu beschreiben.

Ein Sieg wie ein Erdrutsch

entfuhr es ihm. Später wurde ein

erdrutschartiger Sieg

daraus und, um das ganze noch zu steigern, schließlich ein

Erdrutschsieg.

Einmal in Fahrt, war der Redakteur nicht mehr zu bremsen:

Kündigt sich da gar ein Erdrutsch an?

fragte er den Demoskopieexperten. »Nein«, sagt der bescheiden, »von Erdrutsch kann man da nicht sprechen.« Nun, der Mann hat Recht. Vielleicht sollten wir doch ganz einfach erklären, dass es einen unerwartet hohen Stimmenanteil für die Partei gegeben hat und den Erdrutsch dort lassen, wo er hingehört, nämlich ins Gebirge. Und außerdem: Ein Erdrutsch ist etwas sehr Unerfreuliches und deshalb nicht geeignet, einen Erfolg anschaulich zu machen. Die gut gemeinte Bildersprache des Fernsehens gerät nicht selten in die falsche Richtung.
Der Text zum Bild verträgt keine Wörter, die den Text unnötig aufblasen.

Interessenslagen

sind meist nur

Interessen

und

Erwartungshaltungen

sind schlicht

Erwartungen.

Vorsicht ist wie schon erwähnt auch beim Gebrauch von Steigerungsformen geboten. Mehr als die Hälfte aller Kinofilm-Rezensionen, deren Texte wir untersucht
haben, sprachen von »Kultfilmen«. Solche Übertreibungen verringern auf Dauer
die Glaubwürdigkeit des Mediums. Wirkliche »Skandale« sind selten, und nicht
jeder Wasserrohrbruch ist eine »Katastrophe«.

»Avoid clichés like the plague«, empfiehlt ein alter BBC-TV-Trainer[46], aber
weder in Großbritannien noch hier scheint dies gehört worden zu sein. In jeder
Sprache geraten falsche und vereinfachte Vorstellungen als feste Begriffe ins
Repertoire der Autoren. Das Fernsehen muss sich mit Recht vorhalten lassen, es
produziere und fördere Klischees und eingefahrene Wendungen. Meist sind sie ver-
einfachend, oft sind sie schlicht und manchmal sogar falsch. Selten ist die ursprüngliche Bedeutung von Klischees bekannt:

Die Mauer im Kopf

stand für die Bewusstseinsdifferenzen von Ost- und Westdeutschen, jetzt wird sie
für Bewusstseinsbeschränkungen jeglicher Art benutzt. Immer

stehen die Zeichen auf Streik

und

die Herren der Schöpfung

hängen an jeder dritten Herrengruppe, die in mehr oder weniger unterhaltsamen
Fernsehsendungen vorkommt.

Manche Wörter werden unreflektiert übernommen und deren ursprüngliche Bedeutung ignoriert. »Vor Ort« zum Beispiel ist ein Begriff aus dem Bergbau, der für das Innere des Berges steht. In Fernsehbeiträgen ist heute nahezu jeder »vor Ort«. Aber wo sonst sollte denn der Journalist sein, wenn nicht an den Schauplätzen seines Berichtes? Eine Wendung wie »im Vorfeld«[47] stammt aus der Sprache des Militärs und bezeichnet den Raum, der sich vor den kämpfenden Einheiten befindet. Im heutigen Gebrauch steht »das Vorfeld« für etwas Schwammiges. Sind Ort und Zeit eines bestimmten Ereignisses oder einer Handlung nicht bekannt, dann befindet man sich eben irgendwie »im Vorfeld«. Hier wird sprachliche Präzision vernachlässigt und nicht selten mangelnde Recherche vertuscht.

Wer originell texten will, greift zu Recht zu Metaphern. Sie erleichtern das Verstehen, weil sie Hör-Bilder erzeugen. Nicht immer ist allerdings genügend Zeit zur Reflexion dieser Bilder. »Die schnelle Kommentierung von schwierigen Verhältnissen aus dem sicheren Fernsehstudio treibt angesichts der mächtigen, harten Bilder eine Flut von Metaphern vor sich her.«[48] Deshalb ist auch hier Vorsicht geboten. Häufig werden Metaphern falsch eingesetzt. »Die Gerüchteküche« etwa wird nicht »genährt«. Allenfalls Lebewesen lassen sich nähren, aber keine Küchen. Natürlich ist der Gebrauch von Metaphern verlockend. Sind sie allerdings schief, wird der Zuschauer nicht angesprochen, sondern genau das Gegenteil tritt ein: Platte und abgedroschene Metaphern bewegen dazu, wegzuhören. Dafür gibt es viele Beispiele: Ist ein querschnittgelähmter Mensch zu sehen, dann dürfen wir sicher sein, dass er »an den Rollstuhl gefesselt« ist. Wir erfahren viel über den »Vierbeiner«, immer »stehen« Weihnachten und Ostern »vor der Tür«, häufiger als in Wirklichkeit »baden Politiker in der Menge«. Und wenn wir in einem Fernsehbeitrag Massen langsamer Fahrzeuge auf Autobahnen sehen, ducken wir uns schon, denn wir wissen, dass uns dies sogleich als »Blechlawine« präsentiert wird, – manchmal rollt sie gar bergauf.

Viele Metaphern haben sich als feste Wendungen verselbständigt: Verhandlungen, die »in eine Sackgasse« geraten, Gremien, die »grünes Licht« geben, der »Finanzminister mit dem Rotstift«, die »Spitze des Eisberges«, die Vorbereitungen, die natürlich immer »auf Hochtouren laufen« und das Wetter, das mal wieder » verrückt spielt«. Wenn »gesucht« wird, dann »fieberhaft«, wenn die Polizei »abriegelt«, dann »hermetisch«, wenn sie »eine Spur« verfolgt, dann natürlich nur eine »heiße«, und die »Feuerwehr« ist selbstverständlich »pausenlos im Einsatz«. Nie, aber auch wirklich nie haben die armen Jungs mal eine Pause. Wie sie das durchhalten, bleibt ein Rätsel. Die Liste lässt sich beliebig fortsetzen: »Unfälle« sind immer »folgenschwer«, die »Atmosphäre« ist »entspannt« und die »Wissenschaftler namhaft«. Wenn die Lagerhalle eines Kaufhauses brennt, so mag das für die Versicherung die Bilanz verschlechtern, eine »Brandkatastrophe« ist das nur ganz selten, eine »verheerende« fast nie. Solche Formulierungen werden immer wieder verwendet.

Dabei sind sie vollständig abgenutzt. Der Zuschauer hört sie vielfach nicht mehr als Bilder, sondern er hört schlicht und einfach nicht mehr zu. Die abgedroschene Metapher wird auch dadurch nicht origineller, dass der Autor »die heiße Kartoffel, die fallengelassen wurde«, mit dem Zusatz »die berühmte heiße Kartoffel« versieht. Der Autor gibt damit zu, dass die Metapher ausgedient hat. Die scheinbare Rechtfertigung rettet sie nicht.

Auch Verschleierungen sind in Fernseh-Beiträgen häufig anzutreffen. Oft werden Steuererhöhungen zu »Maßnahme-Paketen«. Besonders in Mode scheinen zurzeit »Reformen« jeglicher Art zu sein: »Rentenreform, Steuerreform, Währungsreform usw.« Dringend raten wir davon ab, die Sprache der Nachrichtenagenturen zu benutzen. Sie übernehmen regelmäßig Worthülsen oder Verschleierungen, die ihnen Politiker immer wieder präsentieren. Leerformeln wie

> **Wir haben einen breiten Konsens bei den Konsolidierungsgesprächen erzielt.**

sagen inhaltlich nichts aus. Der Zuschauer fühlt sich vielleicht sogar informiert. Er ist es aber auf keinen Fall. Sätze wie dieser und der folgende sollten deshalb in Fernsehberichten nicht erscheinen:

> **In den Verhandlungen sei es gelungen, beide Auffassungen im offenen und freimütigen Meinungsaustausch einander anzunähern.**

Schlimm wird es, wenn sprachliche Ausdrücke aus dem so genannten Dritten Reich benutzt werden. Ein klassisches Beispiel für unreflektiert übernommene Sprache der Nationalsozialisten kam immer wieder im Zusammenhang mit dem Krieg in Bosnien vor. Der Begriff »Säuberungen« wurde schon von den Nationalsozialisten für die Ermordung der Juden gebraucht. Autoren sollten darauf achten, dass sie sich von der Propagandasprache des »Dritten Reiches« unterscheiden. Die Vorgänge in Bosnien waren

> **Vertreibungen oder Morde aus ethnischen Gründen.**

Auch sollten Parteitage oder Kundgebungen der Gewerkschaften nicht als »Großkampftage« deklariert werden. So bezeichneten die Nationalsozialisten ihre politischen Veranstaltungen. Auch der Ausdruck »liquidieren« stammt aus dieser Zeit. »Liquidieren« hört sich weitaus harmloser an als »ermorden«, und genau das war es, was die Nationalsozialisten taten. Ebenso wurde »organisieren« in der Sprache des Nationalsozialismus zum Inbegriff von Bewegung und Fortschritt gebraucht. »Organisieren« hieß das Unmögliche möglich machen und trat für sie an die Stelle von »erledigen«. Hier hilft es, hinter die Wörter zu sehen.[49]

3 Ausdrucksmöglichkeiten der Kamera

»Das Entertainment ist die Superideologie des gesamten Fernsehdiskurses. Gleichgültig, was gezeigt wird und aus welchem Blickwinkel – die Grundannahme ist stets, dass es zu unserer Unterhaltung und unserem Vergnügen gezeigt wird.«[50]

Die Entwicklung des Fernsehmarktes gibt Postman offenbar Recht. Unterhaltung durch spektakuläre Bilder scheint das oberste Gebot zu sein. Ideen wie die des »Infotainment« – die Vermischung von Show und Information – haben sich bei vielen Nachrichtensendungen durchgesetzt. Und dennoch – wie auch immer die Konzepte der Zukunft aussehen, in welche Richtung auch immer sich Fernsehbeiträge bewegen, sie müssen verständlich sein. Wir glauben nicht an die »Apokalypse«, die Postman sinngemäß so beschwor: Fernsehmacher hätten gar kein Interesse daran, Zuschauer mit ihren Bildern zu informieren, es gehe nur noch um die reine Unterhaltung.

»Wait a Minute, Mister Postman!«[51], möchte man da sagen. Fernsehen muss nicht nur eine schillernde Flimmerkiste sein, die ausschließlich auf Unterhaltung abzielt. Auch ausdrucksstarke oder spektakuläre Bilder können bewusst eingesetzt werden, um zu informieren. Bilder sind durchaus dafür geeignet, Fernsehbeiträge verständlich zu machen. »Erzählen ist nicht nur auf die mündliche oder schriftliche Form der Sprache beschränkt, erzählt werden kann ebenso durch Bilder, Gesten, Bewegungen oder durch die Kombination von Sprache, Bild, Bewegung etc.«[52]

Auch Bilder kennen ihr ABC: »Es bedarf medialer Fähigkeiten, um Fernsehen verstehen zu können. Dazu gehört das visuelle Gedächtnis, die Fähigkeit, aufgrund von Bildern gedankliche Schlussfolgerungen zu ziehen, Bildschnitte erklären und einordnen, Perspektiven wahrnehmen und dreidimensionale Rotationen vornehmen zu können. Wenn diese Fähigkeiten vorhanden sind, dann können die Zuschauer mit den visuellen Angeboten des Fernsehens umgehen.«[53] Soll der Zuschauer diese Bildsprache nachvollziehen können, muss der Autor sie verständlich einsetzen. Dabei hilft ihm das Kamerateam. Es vermittelt durch seine Arbeit unterschiedliche Eindrücke von Motiven.[54]

Prinzipiell müsste man glauben, Bildfolgen seien die von der Kamera eingefangene Realität. Das stimmt so nicht. Gefilmte Bilder können mehr transportieren als das, was der Mensch mit bloßem Auge in der Realität sehen kann. Der

Kameramann kann Wirkungen erzielen, indem er beispielsweise den Ausschnitt eines Bildes verändert oder eine Kamerabewegung erzeugt. Dadurch ist es ihm möglich, positive oder negative Akzente zu setzen. Als klassisches Beispiel gilt der Bundestagswahlkampf 1976. Der damalige Oppositionsführer Helmut Kohl fühlte sich durch die Art, wie er von den Fernsehkameras aufgenommen wurde, gegenüber seinem Kontrahenten Helmut Schmidt benachteiligt.[55] Jeder Bildausschnitt erzeugt eine psychologische Wirkung. Generell gilt dabei: Je weiter die Einstellungsgröße, umso weniger wird der Zuschauer in die Handlung einbezogen.

Die Anforderungen an den Text sind je nach Kameraeinstellung unterschiedlich. Wir unternehmen in den folgenden Kapiteln den Versuch, die Beziehung von Einstellungsgröße und Text zu beschreiben. Allgemeingültige Regeln gibt es nicht, denn die einzelnen Einstellungen in einem Beitrag müssen immer im Zusammenhang gesehen werden, nie allein. Das belegen bereits Montage-Versuche, die sowjetische Filmemacher in den zwanziger Jahren gemacht haben. Sie kopierten das Gesicht eines Schauspielers dreimal und setzten es in verschiedene Zusammenhänge: neben den Sarg einer toten Frau, neben einen Teller mit Essen und neben ein spielendes Kind. Danach befragten sie Testpersonen, die die Mimik des Schauspielers beurteilen sollten. Dasselbe Gesicht wurde in den unterschiedlichen Situationen völlig anders empfunden. Einmal hoben die Testpersonen hervor, wie gut der Schauspieler seine Trauer über die tote Frau ausdrückt, dann wiederum, wie gut seine Lust auf das Essen dargestellt ist und schließlich, wie glaubhaft er seine Freude vermittelt, die er beim Anblick des spielenden Kindes empfindet. Wohlgemerkt, der Schauspieler hatte jedes Mal den gleichen Gesichtsausdruck.

Neben der Bildkomposition spielt auch die Dominanz eine wichtige Rolle. Wie ausdrucksstark ist das Bild? Oder wie Bodo Witzke[56] es formuliert: »Wie laut schreit das Bild?« Je lauter es »schreit«, desto weniger Text ist erforderlich. Trotz unserer Bedenken wagen wir den Versuch, die Form des Textes im Bezug auf einzelne Kameraeinstellungen anzugeben. Bei Gesprächen mit Fernsehmachern fiel uns auf, dass das Zusammenspiel von Einstellungsgröße und Text häufig völlig willkürlich und unreflektiert eingesetzt wird. Wir wollen Autoren für die unterschiedlichen Wirkungen von Kameraeinstellungen und die möglichen Folgen für den Text sensibilisieren.

3.1 Kameraeinstellungen

Was die Einstellungsgröße betrifft, ist eine generelle Aussage nur schwer möglich. Eine grobe Richtung könnte sein: Je totaler das Bild, desto besser die Gelegenheit zu texten. Die Kamera dokumentiert mehr das Geschehen als das sie bestimmte Aspekte beobachtet. Einordnende Angaben im Text scheinen hier notwendig, um den Zuschauer zu informieren. Nahe Einstellungen sind meist dominant und wirken für sich allein. Die Kamera beobachtet bestimmte Aspekte des Geschehens, die dokumentarische Funktion rückt in den Hintergrund. Der Zuschauer sollte die Möglichkeit bekommen, sich mit dem Ausdruck der Bilder auseinanderzusetzen. Grundsätzlich gilt: Starke Bilder schlucken den Text. Oder anders ausgedrückt: Je mehr der Zuschauer durch eindrucksvolle Bilder in den Bann gezogen wird, desto weniger Aufmerksamkeit bleibt für den Text. Je nach Bildausschnitt unterscheidet man folgende Einstellungsgrößen:[57]

Weit oder Supertotale

Hier wählt der Kameramann den Bildausschnitt weiträumig. Personen sind darin nur noch als kleine Punkte zu erkennen. Eine weite Einstellung wird beispielsweise eingesetzt, um Landschaften aufzunehmen, etwa Wüsten oder Berge. Der Zuschauer soll einen allgemeinen Überblick bekommen. Die weite Einstellung dient als erste grobe Orientierungshilfe. Deshalb wird sie auch häufig von einem erhöhten Standpunkt aus aufgenommen.[58] Wie zu dieser Einstellung getextet werden sollte, darüber gehen die Meinungen auseinander. Manche sagen, gerade bei dieser Einstellung kollidiert das Bild nicht mit dem Text. Dem Zuschauer sollten einordnende Informationen gegeben werden. Gerade abstrakte Sachverhalte könnten hier sehr gut vermittelt werden. Andere wiederum lehnen einen Text bei der weiten Einstellung ab. Bei Landschaftsaufnahmen würde ein Text die Stimmung stören, die die Einstellung vermittelt. Beides ist richtig.

Totale

Die Totale erfasst die maximale Bildfläche einer Einstellung mit allen dort agierenden Personen. Ein Handlungsraum wird bestimmt, der Mensch ist untergeordnet. Sie verschafft dem Zuschauer einen Überblick über das Geschehen. Die Totale wird häufig benutzt, um neue Schauplätze einzuführen. Sie erfüllt die Funktion eines distanzierten Beobachters. Der Zuschauer erhält die Möglichkeit, sich zu orientieren. Die Totale sollte alle Elemente der Szene zeigen, die der Zuschauer kennen muss, um den weiteren Aktionen folgen zu können. Diese Einstellung lässt jedoch kaum Einzelheiten erkennen. In der Totalen dokumentiert die Kamera das Geschehen, sie beobachtet nicht. Totalen sollten grundsätzlich deutlich länger sein als Naheinstellungen, da sie eine Fülle von Einzelinformationen enthalten, die das Auge des Zuschauers erst nach und nach wahrnehmen kann. Die Totale kann auch Menschen winzig klein vor weiten Landschaften zeigen und damit den Eindruck von Einsamkeit vermitteln. Hier scheinen einordnende Informationen durch den Text unerlässlich. Wer sind die handelnden Personen? Wo befinden sie sich? Je nach Länge des Filmes wäre es denkbar, dass die Totale zunächst für einige Sekunden offen steht, bevor die Informationen gegeben werden.

Halbtotale

Die Halbtotale rückt näher an das Objekt heran. Das Blickfeld ist eingeschränkter als bei der Totalen. Sie eignet sich besonders, um Menschengruppen darzustellen. Die Halbtotale füllt die Bildfläche ganz aus. Personen sind von Kopf bis Fuß zu sehen. Die Gestik tritt in den Vordergrund. Menschen oder Gegenstände werden in einer für sie und ihre Situation charakteristischen Umgebung gezeigt. Bei dieser Einstellung wird die Aufmerksamkeit des Zuschauers auf einen bestimmten Bildteil gelegt, der einordnet, aber noch nicht ins Detail geht. Das Blickfeld der Halbtotalen ist im Vergleich zur Totalen bereits deutlich eingeschränkt. Auch bei der Halbtotalen sollten im Text Informationen über den Ort und die handelnden Personen gegeben werden, soweit diese noch nicht bekannt sind.

Halbnah

Bei Halbnah-Einstellungen sind Personen oder Motive mit etwa zwei Dritteln ihrer Gesamtgröße abgebildet.[59] Sie zeigen die Menschen also von den Knien an aufwärts.[60] Sie geben einen räumlich orientierten Eindruck. Häufig werden Gespräche gezeigt, wobei die Situation stärker als das Gespräch selbst wirkt. Es handelt sich hier um einen Teilausschnitt, der den Schwerpunkt auf das Hauptmotiv legt, aber noch eine Aussage über die unmittelbare Umgebung des Motivs erlaubt. Allerdings steht das Situative im Vordergrund. Bei dieser Einstellung kann der Text eine andere Bedeutung haben. Er muss nicht mehr einordnen, er kann wichtige Details hervorheben. Durch die größere Nähe zu dem Motiv kann der Text, falls das Bild nicht ohnehin schon ausreicht, emotionaler Natur sein. Bei einer Gruppe von

Menschen sollte der Zuschauer jedoch auf jeden Fall erfahren, in welcher Situation sich die handelnden Personen befinden.

Nah

Diese Einstellung zeigt eine Person mit einem Drittel ihrer Körpergröße, vom Kopf bis zur Mitte des Oberkörpers. Damit verlässt die Kamera den Standpunkt des neutralen Beobachters.[61] Sie wählt bestimmte Teilaspekte aus und trifft damit Wertungen, meist über Mimik und Gestik. Die Naheinstellung ist somit subjektiver als totalere Bildausschnitte, mit denen der Zuschauer sich kaum identifizieren kann. Nah-Einstellungen werden häufig bei Diskussionen und Gesprächen eingesetzt.[62] Bei Original-Tönen werden sie fast immer verwendet. Bei der Naheinstellung sollte der Text nur sehr sparsam eingesetzt werden. Die Bilder sind meist ausdrucksstark und sprechen für sich. Nah aufgenommene Gegenstände, die mit einer bestimmten Bedeutung assoziiert werden – eine Pistole oder ein As im Ärmel beispielsweise – benötigen keinen Text. Nur falls erstmals eine ungewöhnliche Situation auftritt, die der Zuschauer nicht einordnen kann, ist eine Erklärung im Text notwendig.

Großaufnahme

Eine weitere Bildvergrößerung ergibt die Großaufnahme, die sich auf einen kleinen Ausschnitt konzentriert. Bei der Darstellung von Personen erscheint der menschliche Kopf Bild füllend.[63] Das Hauptmotiv rückt in den Bildmittelpunkt. Der Zuschauer kann den Hintergrund nicht mehr wahrnehmen. Die Kamera zeigt Einzelheiten, die sonst kaum auffällig wären. Großaufnahmen sind den Höhepunkten einer Handlung vorbehalten. Sie verdeutlichen und charakterisieren das dargestellte Motiv. Hier werden der mimische Ausdruck und die Regungen von Gesichtern stark hervorgehoben. Damit erhöht der Kameramann die Identifikation des Zuschauers mit der Person. Auch Großaufnahmen werden häufig in Gesprächssituationen verwendet, da sie die viel sagende Mimik beim Sprechen gut dokumentieren. Durch die große Aussagekraft dieser Einstellung ist ein Text häufig nicht erforderlich, gerade, wenn es sich um das Detail eines Körperteils handelt. Das Bild sollte zunächst die Gelegenheit haben, offen zu stehen und damit für sich allein zu sprechen.

Detailaufnahme

Die Detailaufnahme ist eine extreme Großeinstellung. Sie zeigt zum Beispiel Teile des menschlichen Gesichts wie etwa Augen oder Mund. Die Kamera fährt so nah an eine Person oder einen Gegenstand heran, wie es im realen Alltag nur ganz selten vorkommt. Dadurch vermitteln Detailaufnahmen dem Zuschauer ein Gefühl der Intimität. Sie wirken sehr emotional. Je nach Kontext und dargestelltem Ausschnitt können sie abstoßend beziehungsweise anziehend wirken. Auch Gegenstände lassen sich auf diese Weise dem Betrachter nahebringen. Hier gilt: Das für das menschliche Auge ungewöhnlich nahe Herangehen an ein Körperteil schränkt die unkommentierte Aussagekraft des Bildes eher ein. Das Gesicht wirkt weniger sprechend. Der Autor muss den beabsichtigten Effekt erklären, es sei denn, die Wirkung wird durch den Kontext deutlich. Bei Gegenständen kann eher auf einen Text verzichtet werden. Das Bild eines offenen Schnürsenkels in Detailaufnahme etwa sagt einiges aus. Zumindest ruft es Assoziationen hervor: Der Mensch, dessen Schnürsenkel gezeigt wird, hat es vielleicht eilig gehabt, oder er ist einfach nicht sehr ordentlich.

3.2 Kamerastandpunkt und -perspektive

Der Standpunkt der Kamera entspricht dem Standpunkt des Zuschauers. Die Perspektive und die Blickrichtung der Kamera stellen die Beziehung zwischen dem Zuschauer und dem dargestellten Objekt her. Um es darzustellen, hat das Kamerateam unterschiedliche Variationsmöglichkeiten: von unten oder von oben, von der Seite oder von vorn. Die auf diese Weise vermittelten Eindrücke weichen oft stark von der Realität ab. Als Normalsicht gilt die Augenhöhe der handelnden Personen. Es gibt noch weitere Perspektiven. Diese werden im Folgenden dargestellt:

Unten-Standpunkt

Die so genannte Froschperspektive nimmt das Gezeigte von unter her auf. Für den Zuschauer erscheinen dargestellte Personen oder Objekte dominant. Sie werden selbstbewusst und überlegen präsentiert. Extrem angewandt wirkt sie häufig karikierend. Diese Wirkungen muss der Autor im Text berücksichtigen. Sinnvoll ist es, sie zu bestärken. Auf keinen Fall sollte er die Wirkungen des Kamerastandpunktes in seinem Text abschwächen. Dann würde er gegen das Bild ankämpfen. Es sei denn, er möchte eine Situation bewusst konterkarieren.

Oben-Standpunkt

Bei der so genannten Vogelperspektive liegt der Standpunkt der Kamera über dem Geschehen. Die Handlung scheint überschaubar. Solche Perspektiven können bedrohlich wirken. Von oben fotografierte Menschen oder Objekte wirken schwach. Sie besitzen wenig Autorität, erscheinen einsam und unterlegen. Für den Zuschauer stellt sich ein Gefühl der Überlegenheit ein. Auch hier gilt: Der Autor muss sich beim Texten der starken Wirkung des Kamerastandpunktes bewusst sein. Allerdings ist die Ausdrucksstärke dieses Standpunktes nicht so extrem wie die der Froschperspektive. Der Oben-Standpunkt kommt im täglichen Leben häufiger vor, etwa wenn man steht und andere sitzen oder wenn man Kindern begegnet.

Schräg-Standpunkt

Die schräg gestellte Kamera vermittelt dem Zuschauer einen irrealen Eindruck.[64] Diese Perspektive kommt im realen Alltag nicht vor. Das Bild entwickelt eine gewisse Dramatik. Diese Einstellung muss streng motiviert sein, denn die dargestellten Personen oder Objekte erscheinen verfremdet. Im Text ist deshalb häufig eine Erklärung erforderlich. Manchmal bietet es sich an, dem Zuschauer im Text zu erklären, warum die schräg gestellte Kamera verwendet wurde.

3.3   Bewegung in Fernsehbeiträgen

Bewegung im Film kann das Kamerateam auf zweierlei Weise vermitteln: Es filmt die Eigenbewegung der Handlung, oder es erzeugt sie durch die technischen Möglichkeiten der Kamera. Bewegung vor der Kamera bietet visuelle Reize. Die Bewegungen können alle Richtungen einnehmen und mit unterschiedlicher Intensität auftreten. Solche Bilder sollten nicht unmotiviert eingesetzt werden, denn viel Bewegung kann von Inhalten ablenken. Für das Texten bedeutet dies einerseits, dass häufig einordnende Informationen nötig sind. Andererseits muss der Zuschauer zunächst die Gelegenheit bekommen, der Handlung zu folgen.

Auch die zweite Art von Bewegung im Film – die Bewegung der Kamera – bietet dem Zuschauer visuelle Reize. Dabei ist es unerheblich, ob sich das

Aufnahmeobjekt bewegt oder nicht. Die Kamerabewegung orientiert sich daran, wie das menschliche Auge den Blick verändern kann.[65] Sie braucht mehr Zeit als ein ruhendes Bild, dadurch wird die Einstellung länger. Der Bildschnitt wird erschwert, denn Einstellungen mit Kamerabewegung müssen ineinander fließen. Sie lassen sich nicht beliebig aneinanderreihen. Bei Kamerabewegungen gibt es die nachfolgenden Varianten.

Schwenk

Die Bewegung der Kamera bei unverändertem Standpunkt wird Schwenk genannt. Die Kamera bewegt sich dabei um eine Achse, entweder vertikal, horizontal oder diagonal. Der Schwenk verschiebt den Ausschnitt des Gezeigten und erweitert damit den Bildraum.[66] Er ist dann sinnvoll, wenn eine einzige, statische Einstellung nicht alle Aspekte einer Szene oder eines Motivs aufnehmen kann. Der Schwenk verschafft dem Zuschauer einen Überblick. Er wird auch eingesetzt, wenn der Zuschauer eine Passage des Beitrages schrittweise mit der Bewegung der Kamera entdecken soll. Das Ende des Schwenks lenkt den Blick des Zuschauers auf ein bestimmtes Objekt. Es ist auch möglich, mit Schwenks bewegte Objekte zu verfolgen. Bei einem Objektwechsel ersetzen Schwenks den Schnitt und fungieren dadurch als rhythmische Elemente. Wichtig ist, dass die Schwenkgeschwindigkeit mit dem Schnittrhythmus harmoniert. Die Bewegung der Bildelemente muss nicht nur untereinander, sondern auch in Kombination mit Kameraschwenks so gestaltet sein, dass die Übergänge ineinanderfließen.

Langsame Schwenks verwenden Kameraleute häufig bei Landschaftsaufnahmen. Sie erzeugen ruhige Stimmungen. Der Fortgang der Handlung wirkt verzögert. Der Zuschauer nimmt ihn fast wie in Zeitlupe wahr. Da langsame Schwenks vor allem emotionale Wirkungen erzeugen und die Kraft der Bilder dokumentieren wollen, kommen sie meist ohne Worte aus. Sie sprechen für sich. Der Zuschauer soll die Möglichkeit haben, den Schwenk in Ruhe nachzuvollziehen. Hier hat der Schwenk keine journalistische Aussage. Er soll Stimmungen und Gefühle vermitteln. Gerade bei langsamen Schwenks über Landschaften, den so genannten Panoramaschwenks, bei denen der Zuschauer Gelegenheit bekommen soll, sich auf die Natur einzulassen, sind erklärende Worte oft störend. Manchmal bietet sich hier der vorsichtige Einsatz von Musik ein, der die Wirkung der Bilder unterstreicht.

Geleitete oder hinführende Schwenks wählen aus und können so besonders informativ sein. Sie verfolgen Objekte, die sich bewegen. Die Kamerabewegung hängt in Art, Dauer und Geschwindigkeit vor allem von dem Objekt ab, das sie begleitet.[67] Meist wird auf diese Weise die Entwicklung eines komplizierten Sachverhaltes bildlich dokumentiert. Gerade hier muss der Zuschauer die Möglichkeit erhalten, den Weg des Schwenks nachvollziehen zu können. Das gezielte Annähern an ein Objekt ist ein starker Ausdruck der Bildsprache. Der geleitete Schwenk hat häufig eine journalistische Aussage. Eine unterstützende Erklärung im Text scheint deshalb notwendig. Manchmal bietet es sich an, erst dann zu texten, wenn die Kamera wieder ihren Ruhepunkt erreicht hat. Die Spannung für den Zuschauer bleibt so erhalten.

Schnelle Schwenks besitzen eine wichtige dramaturgische Funktion. Sie lösen Überraschungen aus, decken plötzliche Reaktionen der Handelnden auf oder zeigen plötzliche Wendungen.[68] Gerade schnelle Schwenks müssen inhaltlich motiviert sein und mit den Bewegungsabläufen des Objekts und dem Rhythmus des Beitrages im Einklang stehen. Nur selten benötigen sie Text, da die plötzliche Wendung überraschend und unerwartet auftritt. Erst nach Beendigung des schnellen Schwenks, wenn der Zuschauer mit der neuen Situation konfrontiert worden ist, ist wieder erklärender Text angebracht.

Reißschwenks sind plötzliche Bewegungen von einem Objekt zum anderen. Sie entstehen durch eine abrupte Bewegung der Kamera. Die hohe Geschwindigkeit macht es dem Zuschauer unmöglich, Bildeinzelheiten wahrzunehmen. Reißschwenks dramatisieren und sind damit die Extremform gefühlsorientierter, nichtinformativer Bilder. Texte auf Reißschwenks erübrigen sich fast immer. Sie hätten gegen die Dynamik der Bilder kaum eine Chance.

Zoom

Im Gegensatz zur Kamerabewegung ändert sich beim Zoom nicht die Perspektive, sondern nur der Blickwinkel.[69] Der Zoom eignet sich besonders dazu, die Bedeutung von Vorder- und Hintergrund in einer Szene zu bewerten. Er bietet sich vor allem dann an, wenn ein Wechsel des Kamerastandortes nicht möglich ist. Ein Zoom sollte immer mit einem statischen Bild beginnen und enden. Die Bewegung eines Zooms durch einen Schnitt abzubrechen, bewirkt fast immer einen unnatürlichen bildlichen Bruch, den es zu vermeiden gilt. Deshalb sollten Kamerateam und Redakteur schon vor dem Zoom über die erforderliche Länge sprechen. Unserer alltäglichen Seherfahrung entspricht der Zoom nicht. Ein Zoom von Weitwinkel auf lange Brennweite hat zum Beispiel zur Folge, dass ein Detail einer Umgebung am Ende stark vergrößert dargestellt wird. Da sich dabei – anders als bei der Kamerabewegung – die perspektivischen Relationen nicht ändern, hat der Zuschauer den Eindruck, das vergrößerte Detail komme auf ihn zu. In der natürlichen Wahrnehmung ist es ausgeschlossen, dass beispielsweise ein Haus auf seinen Betrachter zukommt. In seiner Wirkung ist der Zoom deshalb hochgradig abstrakt.[70] Daher sollte diese Technik sparsam eingesetzt werden.

Beim Zoom wird zwischen Ranfahrt und Aufzieher unterschieden.

Ranfahrt

Bei der Ranfahrt wird der Bildwinkel verengt. In der Regel beginnt die Ranfahrt mit einer Totalen und endet in einer nahen Einstellung. Im Gegensatz zu einem Schnitt, etwa von einer Totalen auf eine Naheinstellung, bleiben die räumlichen Verhältnisse für den Zuschauer immer nachvollziehbar. Das Interesse konzentriert sich auf eine bestimmte Person oder einen Gegenstand. Durch die Ranfahrt rückt das Objekt in den Mittelpunkt. Die Ranfahrt wird eingesetzt, um einen bestimmten Bildausschnitt ganz bewusst aus seiner Umgebung zu lösen oder hervorzuheben. Die Aufmerksamkeit des Zuschauers soll direkt auf dieses Objekt gelenkt werden. Die Ranfahrt an das Fenster eines Gebäudes zum Beispiel wird oft benutzt, um den Wechsel einer Szene anzukündigen. Das nächste Bild könnte dann das Innere des Gebäudes sein, das hinter dem Fenster liegt.[71]

Meist muss dem Zuschauer im Text erklärt werden, warum das Objekt, auf das die Kamera zugefahren ist, von zentraler Bedeutung ist. Wird der Zuschauer mit der Schlusseinstellung einer Ranfahrt ohne konkrete textliche Einordnung alleingelassen, kann er die Bedeutung der Einstellung sonst in vielen Fällen nicht nachvollziehen.

Aufzieher

Der Aufzieher beginnt häufig mit einer Nahaufnahme und endet in einer Totalen. Er konzentriert sich nicht auf einen bestimmten Bildausschnitt. Der Blickwinkel für den Zuschauer öffnet sich. Je weiter die Kamera »aufzieht«, desto mehr neue Objekte tauchen auf. Der Zuschauer erkennt die Umgebung oder den Schauplatz der Nahaufnahme. Der Aufzieher wird benutzt, um ein Objekt, das der Zuschauer nur in einer Nahaufnahme kennt, in seine Umgebung einzuordnen. Diese Funktion kommt sonst dem Text zu. Sobald die Kamera die Ruheposition erreicht hat, ist Platz für Hintergrundinformationen. Häufig spricht die bildliche Einordnung jedoch für sich. Dann kann beim Aufzieher auf viel Text verzichtet werden. Hier muss der Autor abwägen. Ein motivierter Aufzieher ist normalerweise eine lange Einstellung. Wenn die Bilder allein nicht ausreichen, um das Interesse des Zuschauers zu erhalten, dann sollte unterstützend getextet werden. Auch hier muss wieder unterschieden werden zwischen einem Aufzieher, der Informationen vermittelt, und einem, der Stimmung erzeugt.

Subjektive Kamera

In der Regel zeigen Filmaufnahmen die Handlung aus der Sicht des Zuschauers. Er beobachtet beispielsweise, wie Kinder Fußball spielen. Solche Aufnahmen werden auch als objektive Sichtweise bezeichnet. In bestimmten dramaturgischen Momenten ist es jedoch sinnvoll, nicht die Sicht des Betrachters einzunehmen, sondern die der handelnden Person. Das bietet sich an, wenn Spannung erzeugt werden soll. Der Zuschauer soll sich in die Rolle des Akteurs hineinversetzen. Er soll den Eindruck gewinnen, als wäre er am Geschehen unmittelbar beteiligt. Gefilmt wird so, als hätte sich die Kamera im Kopf der handelnden Person befunden – gewissermaßen anstelle ihrer Augen.[72] Wenn die Kamera Bilder aus dieser Sicht einfängt – also etwa aus der Sicht eines der Fußball spielenden Kinder –, dann handelt es sich um eine subjektive oder auch entfesselte Einstellung. Dem Übergang zur subjektiven Aufnahme geht fast immer eine Einstellung voraus, die das Gesicht der betreffenden Person zeigt. So wird deutlich, aus welchem Blickwinkel das folgende Geschehen dargestellt ist. Die subjektive Kamera kann auch »neutral« eingesetzt werden, ohne Bezug auf eine im Film handelnde Person. Dann filmt der Kameramann so, als befände sich die Kamera in seinem Kopf. Gerade bei der subjektiven Kamera wären Text-Bild-Scheren fatal. Hier muss sehr behutsam und ganz eng an der handelnden Person getextet werden. Die subjektive Kamera vermittelt dem Zuschauer sehr viel – allein durch das Gefühl, das sie erzeugt. Dabei kann ein ausführlicher Text stören. Er sollte nur sehr behutsam und sachlich sein. Wenn der Text ebenfalls emotional ist und Stimmungen erzeugt, ist die Gefahr groß, dass die starke Wirkung der Bilder zu sehr überhöht wird.

Kamerafahrt

Die Kamerafahrt ist die Fortsetzung des Schwenks. Dabei bewegt sich die Kamera durch den Raum. Sie kann auf verschiedenen Fortbewegungsmitteln befestigt sein, etwa auf einem Kran, Auto oder Hubschrauber. Die Kamera kann dabei in alle Richtungen blicken. Mit der Fahrt verändern sich alle räumlichen Anordnungen und Sichtweisen. Fahrten werden benutzt, um bewegte Objekte im Bild zu halten, ihnen entgegenzukommen, sie zu verfolgen oder vor ihnen zurückzuweichen. Der Zuschauer bekommt durch die Fahrt den Zusammenhang einer Handlung verdeutlicht.[73] »Die Kamera wird zum Helden der Handlung«, schrieb der Filmemacher Marcel Carné 1923 zu diesem bedeutenden Schritt in der Geschichte der bewegten Bilder. »Auf einen Wagen gestellt glitt sie dahin, erhob sich, schwebte oder schlich sich überall ein, wo die Handlung es verlangte. Sie verharrte nicht mehr konventionell auf einem Stativ, sie wurde zu einer handelnden Person.«[74] Häufig ist kein Text erforderlich. Dynamik und Bewegung der Kamerafahrt sprechen in der Regel für sich. Falls getextet werden muss, sollte die Wirkung der Kamerafahrt unterstützt werden. Dabei kann die Situation gegebenenfalls inhaltlich weitergeführt werden.

4 Text und Bild

4.1 Bild- und Textfunktionen

Ständig muss der Autor einen schwierigen Spagat vollbringen: Auf der einen Seite muss er im Text Inhalte vermitteln, auf der anderen Seite darf er die für das Medium existentiellen Bilder nicht vernachlässigen: »Words and pictures must go together. Fight the pictures and you will lose.«[75] Wer glaubt, dass ein guter Text immer Gehör finden wird, der unterschätzt die Wirkung der Bilder.

Die inhaltliche Entfernung zwischen Bild und Text ist häufig zu groß, um das Verständnis des Beitrages zu ermöglichen. In vielen Fällen beansprucht das Bild die ganze Konzentration des Zuschauers: »Wenn das Bild mit seinem Augenkitzel die gesamte Aufmerksamkeit fesselt, dann ist ein gleichzeitiges Zuhören, ein bewusstes, verstehendes Zuhören unmöglich. Einfach, weil die Kapazität nicht reicht.«[76]

Der Zuschauer versucht instinktiv dennoch, beide als Einheit zu verstehen – welche Verbindungen oder Differenzen zwischen Text und Bild auch immer bestehen mögen. Der Autor kann dem Zuschauer das Verstehen erleichtern, wenn er das Zusammenspiel des visuellen und des auditiven Kanals berücksichtigt.

In den 1980er Jahren untersuchten Medienforscher Beiträge aus der Tagesschau.[77] Dabei stellten sie fest, dass nur jeder zwölfte Satz direkt auf das Bild bezogen war. Heute dürfte dieses Verhältnis noch ungünstiger sein. Natürlich ist es nicht möglich, jeden Satz explizit auf die Bilder zu beziehen, gleichwohl ist das funktionierende Zusammenspiel von Text und Bild immens wichtig für verständliche Fernsehbeiträge.

Ein Text zu Bildern ist dann verständlich, wenn Beziehungen zwischen den Textargumenten und den Bildaussagen bestehen. Das Verständnis wird auch erleichtert, wenn Bildgliederung und Textgliederung aufeinander bezogen sind, wenn also Umschnitte und Sprechpausen zusammenpassen. Ein einfaches Beispiel für die Koppelung der Inhalte: Im Bild ist ein Wirt beim Auftragen der Speisen zu sehen. Ein Schwenk auf den Teller schließt sich an. Beide Bildaussagen verlangen je eine Ansprache mit je einer Weiterführung:

> Der Kontakt zur Kundschaft ist unverzichtbar – erst recht bei einem Preis von 29 Euro 50 fürs Kalbsschnitzel.

Nicht immer sind Bild und Text so leicht zu koppeln. Die Funktionen von Text und Bild sind in vielen Fällen differenzierter.

Das Bild kann informativ, meditativ oder illustrativ sein. Sind Bilder informativ, dann kann ein Text überflüssig sein oder nur aus wenigen Angaben bestehen (ein Sportler hält einen Pokal hoch – er hat gewonnen). Meditativ können Bilder sein, wenn sie Stimmungen erzeugen (Herbstlandschaft – schwermütige Stimmung). Hier sollte der Text dieselbe Stimmung treffen und diese unterstützen. Illustrativ sind Bilder, wenn sie durch Stimmungen Text untermalen (Freudentänze auf beiden Seiten der Berliner Mauer – Fall der Mauer). Hier hat das Bild die Information zu übernehmen. Das Bild ist also durchaus in der Lage, Informationen zu übermitteln. In journalistischen Arbeiten dienen Bilder schließlich auch als Belege.[78]

Bild und Text sind grundsätzlich mehrdeutig. Allerdings lässt das Bild mehr Möglichkeiten des Verstehens offen. Gerade im Nachrichtenjournalismus werfen Bilder häufig Fragen auf. Deshalb muss der Text solche Bilder ergänzen. Erst dann kann der Zuschauer sie verstehen. Dieser direkte Bezug des Textes auf das Bild lenkt die Aufmerksamkeit des Zuschauers auf das Wesentliche. Ist das Bild »die sinnliche Unterfütterung des Wortes«[79], so wird umgekehrt das Bild durch den Text gedeutet und dadurch in einen Zusammenhang gebracht. Der Text soll also das Zusammenspiel der Bilder in Begriffe fassen. Dazu muss er »die sichtbare Oberfläche der Bilder durchstoßen und die Hintergründe sichtbar machen«[80]. Der Text kann dabei unterschiedliche Funktionen übernehmen:

- Aspekte des Bildes aufzeigen:
  Der Text kann benennen, was im Bild zu sehen ist. Dazu sind »Zeigewörter« (»dieses Haus«) das sicherste Mittel. Der Text kann die Aufmerksamkeit des Zuschauers auf einzelne Aspekte eines Themas lenken. Zeigt das Bild zum Beispiel eine reich verzierte Tür, dann darf der Satz keineswegs lauten:

Eine reich verzierte Tür.

So wäre die Funktion des Textes nicht erfüllt und eine Einordnung des Bildes fände nicht statt. Besser ist es, dem Zuschauer eine Orientierungshilfe zu geben:

Am oberen Rand der Tür die zwölf Apostel …

- Präzise Bezeichnungen nennen:

Solche Teile sind …

- Erklären:

Was nun zu sehen ist, hat so angefangen: …

- Angaben zur Entstehung der Bilder machen:

Wir durften nur kurz hinter die Kulissen sehen.

- Ansprechen, was sich viele Zuschauer vermutlich vorstellen:

Der Wunsch von vielen: einmal so dahingleiten.

- Im Bericht vorher Gezeigtes ansprechen:

Das Gewirr vom Anfang scheint nun geordnet.

- Einordnen (Ort)
  Auch um einen Schauplatz geografisch vorzustellen und einzuordnen, sind Ortsangaben und ergänzender Text notwendig. Häufig beginnen solche Textpassagen stereotyp und wenig originell:

Der Pothala-Palast in Lhasa …

Besser wäre es, die Ortsangaben gleich mit inhaltlichen Einordnungen zu versehen:

Nur aus der Ferne sieht es so aus, als hätte sich nichts verändert. Doch der sagenumwobene Pothala-Palast in Lhasa ist nicht mehr das, was er einmal war.

- Einordnen (Zeit)
  Auch die zeitliche Einordnung ist Aufgabe des Textes. In vielen Berichten teilt der Text nur Fakten mit und verschenkt damit die Möglichkeit, Atmosphäre zu vermitteln:

Berlin-Prenzlauer Berg, heute morgen nach der Demonstration …

Das wäre ein Text für einen reinen Nachrichtenfilm. Handelt es sich um einen Bericht, wäre es möglich, neben den Fakten auch die Stimmung anzugeben:

Es sind nur wenige übrig geblieben. Die meisten der Demonstranten haben sich verzogen, sind müde von einem Abend, der für sie nicht wie gewünscht verlaufen ist. Der Prenzlauer Berg gleicht heute Morgen einer Müllkippe.

4.2 Bilder ohne Text

»One of the best tips about scripting good pictures is don't.«[81] Die Bilder also nicht platt zu beschreiben, sondern sie ohne Text stehen zu lassen, ist eine Variante, an die viele Autoren zu selten denken. In einem Fernsehbericht soll die Bildsprache dominieren. Bilder können durchaus von ihrer darstellenden Funktion abrücken und eigenständig Informationen liefern. Werden sie mit Fakten »zugeredet«, beraubt der Autor sie ihrer »sprechenden Wirkung«. Dabei ist diese häufig viel emotionaler, ausdrucksstärker und eindrucksvoller als die des Textes. Wenn das Bild in ausreichendem Maße nachvollziehbare Informationen bietet, sollte sich der Text zurückhalten. Gerade, wenn Stimmungen erzeugt werden, hinterlässt das Bild immer stärkere Eindrücke als das Wort. Es bietet sich deshalb an, aussagekräftige Bilder offen stehen zu lassen – gerade in langen Filmen sind unbetextete Passagen wichtige dramaturgische Stilmittel. Zudem gönnt der Autor dem Zuschauer auch mal eine Verschnaufpause, wenn er ihn für einige Augenblicke ohne Text über das Gezeigte nachdenken lässt.

Zu dicht getextete Beiträge erfordern permanent die Aufmerksamkeit des Zuschauers. Häufig wird diese dann überfordert. Besonders in Berichten, in denen Musik eingesetzt wird, ist es häufig ratsam, auf einige Textbausteine zu verzichten. In solchen Fällen würde der visuelle und auditive Eindruck mit Text gestört. Hier wirkt das Bild mit der Musik meist allein. Ein Text zu einem Konzertausschnitt etwa ist fast immer unangebracht:

> Leichte Töne sind es, die anklingen, hin und wieder die Bläsergruppe, die sich einschwingt, und schließlich das Leitmotiv mit seiner alles überströmenden Kraft …

Ein solcher Text würde der Wirkung von Bild und Musik keinen Raum lassen und dadurch die Stimmung stören.

4.3   Ergänzungen zum Bild

Nicht immer ist es möglich, Bilder offen stehen zu lassen. Inhalte, die den Bildern allein nicht zu entnehmen sind, muss der Autor mit Worten erklären. Der Text nimmt das Bild auf und entwickelt dessen Anstöße weiter. Im folgenden Beispiel erfolgt zunächst eine Bildansprache, die die Stimmung im Bild unterstützt. Ein weinender Mann ist zu sehen. Dazu der Text:

> Es war ein bewegender Moment.

Dann folgt im Text das, was der Zuschauer ohne Text nicht einordnen könnte.

> Der Minister weinte, als er seinen Rücktritt bekannt gab.

Ist das Bild allein nicht in der Lage, wesentliche Inhalte zu vermitteln, sind textliche Einordnungen für das Verstehen eines Beitrages unerlässlich. Solche Ergänzungen – die klassische Funktion des Textes – sollen das Bildverstehen lenken. Damit steuert der Text die Interpretation des Bildes[82]. Oft sind viele Details zu sehen, die der Zuschauer ohne textliche Unterstützung nicht einordnen kann. In diesen Fällen ist es sinnvoll, räumliche Hinweise zu geben:

> Im Hintergrund … oder: Rechts im Bild …

Genau so wichtig sind zeitliche Einordnungen:

> Heute Mittag in Gorleben

und an anderer Stelle

> Zwei Stunden zuvor hatten die Demonstranten …

Gelegentlich wird die Ergänzung des Bildes durch den Text zur Stilblüte. Dabei muss der Autor beachten, dass er nicht in Plattitüden verfällt. Viele solcher Ergänzungen wie etwa der »Stiefmütterchen-Schwenk«[83] sind weit hergeholt und abgedroschen. Ein Stiefmütterchen ist zu sehen, und im Text heißt es:

> Stiefmütterlich behandelt wird auch der Innenminister – und zwar von seiner eigenen Partei …

Realbilder sollten nie versprachlicht werden. Der vermeintliche Humor geht fast immer nach hinten los. Manche Beiträge enden mit Eisenbahnschienen. Dazu heißt es dann:

> Wohin die Reise geht ... (na was wohl) ... bleibt abzuwarten.

Häufig werden zufällig eingefangene Bilder in einen Beitrag hineingeschnitten, die mit dem eigentlichen Thema nichts zu tun haben. Das kann originell sein und einen Beitrag auflockern. Allerdings muss der Text dann einordnen und diese inhaltlich entfernten Bilder berücksichtigen. Auf keinen Fall dürfen im Text logisch falsche Schlüsse gezogen werden, wie in unserem Beispiel:

> In Anwesenheit ihrer Mutter Heidi hatte die Brühlerin keine Probleme mit dem Aufschlag.

Hier gerät das Bilder- und Wortspiel zu barem Unsinn. Es gibt keine Beziehung zwischen mütterlicher Anwesenheit und dem Aufschlag der Tennisspielerin. So einen Satz hätte der Autor vermutlich nie benutzt, wäre er nicht durch das Bild der Mutter auf der Tribüne beeinflusst worden.

Der textliche Bezug auf Bilder kann sprachliche Stereotype zur Folge haben. Situationen, die sich ständig wiederholen, verführen den Autor dazu, immer wieder den gleichen Text zu benutzen. Viele Wörter und Wendungen scheinen mit bestimmten Bildern fest verknüpft zu sein. Typische Beispiele für sprachliche Stereotypen sind Texte zu Staatsempfängen:

> ... wurde mit militärischen Ehren begrüßt, ... Roter Teppich für ...

Diese Aussagen hat der Zuschauer schon tausendfach gehört. Sie werden nicht dazu beitragen, ihn für einen Beitrag zu interessieren. Zudem vermitteln sie keine Inhalte. Solche Stereotype sollte der Autor vermeiden. Informativer und interessanter ist es immer, auf das Besondere eines Staatsbesuches einzugehen:

> Er ist gekommen, weil sein Volk Geld braucht. Der Präsident Ugandas hofft auf Aufträge aus den USA.

Auch bei einer politischen Zeremonie kann der Autor durchaus auf verschiedene Aspekte eingehen:

> Sie kennen sich schon seit ihrer Jugend. Der deutsche Bundeskanzler und sein französischer Gast.

4.4 Doppelungen von Text und Bild

»Don't repeat in detail what the viewer is able to see and hear for him or herself.«[84] Eine Regel, so alt wie das Fernsehen selbst. Im Fernsehen können sich die Zuschauer »ein Bild machen«. Der Text soll zum Bild passen – es aber nicht platt beschreiben. Anders als im Hörfunk sind im Fernsehen Beschreibungen von Bildern nicht erforderlich. Dennoch gibt es viele Beispiele, in denen Autoren wertvolle Sendezeit verbrauchen und Offensichtliches ansprechen, ohne im Text Informationen zu geben. So zeigen viele Beiträge immer wieder den Staatsmann, der sich würdevoll vorbeugt, um am Grab des unbekannten Soldaten die Schleifen eines Kranzes zurechtzuzupfen. Und wie oft lautet der Text dazu:

> Der Bundespräsident legt einen Kranz nieder.

In dieser Passage doppeln sich Text und Bild. Der Autor vermittelt keine Informationen. Mehr noch: Mit seiner Aussage scheint er an der visuellen Aufnahmefähigkeit des Zuschauers zu zweifeln. Wer hätte denn wohl vermutet, dass sich der Bundespräsident über die Blumen hermacht, um seiner Frau ein Sträußchen zu pflücken? Besser wäre ein Text, der nahe an den Bildern bleibt und gleichzeitig Informationen vermittelt:

> Der Bundespräsident ehrte in Warschau die Opfer des Zweiten Weltkrieges.

Die Doppelung von Text und Bild verschenkt die Chancen des Mediums Fernsehen.

Ein ähnliches Beispiel kommt immer wieder in Nachrichtenfilmen vor. Der Zuschauer sieht die Bilder von Steine werfenden Palästinensern. Dazu teilt uns ein Korrespondent mit, dass sie Steine werfen. In diesem Fall hat der Autor ebenfalls wertvolle Sendezeit verschenkt, ohne in seinem Text Informationen zu vermitteln. Auch bei Demonstrationen wird häufig Offensichtliches angetextet:

> Die Menschen demonstrierten in den Straßen …

Besser ist es, wenn der Korrespondent Inhalte mitteilt. In unserem Beispiel hätte er die Gründe für die Demonstration nennen können:

> Nun ist auch für die Volksgruppe der Inguschen das Maß voll. Sie fordern Gerechtigkeit …

Adjektive sind in Fernsehtexten nur bedingt sinnvoll. Ganz und gar ungeeignet sind Adjektive, wenn der Autor sie benutzt, um Gegenstände zu beschreiben, die im Bild zu sehen sind:

> Diese schöne und reizende Perlenkette, aber auch die wundervolle Brosche …

Der Zuschauer möchte sich selbst ein Bild machen. Dabei will er sich nicht durch den Text beeinflussen lassen. Text ist in diesem Fall nur dann sinnvoll, wenn er erläutert, was der Zuschauer dem Bild allein nicht entnehmen kann:

> Diese sehr seltenen Stücke aus dem 17. Jahrhundert …

Generell gilt: Die Doppelung von Text und Bild ist meist nicht empfehlenswert. Text und Bild sollten zwar nicht getrennt, wohl aber entzerrt sein. Allerdings gibt es Ausnahmen, in denen eine Doppelung sinnvoll ist. Sind Sachverhalte oder Gegenstände nicht allein durch die Bilder verständlich, kann das einfache Benennen unterstützend wirken. Im Bild ist ein Auerhahn zu sehen. Viele Zuschauer werden diesen Vogel erkennen, einige sind sich vielleicht nicht ganz sicher. In solchen Fällen ist es durchaus zweckmäßig, das Tier direkt beim Namen zu nennen:

> Der Auerhahn ist in Bayern fast ausgestorben …

4.5 Text-Bild-Scheren

> »Die filmische Informations-Vermittlung des Fernsehens ist letztlich die Kapitulation vor der Schizophrenie von Bildern und Texten, die nach brutalen Eigengesetzlichkeiten sich permanent gegenseitig erschlagen, behindern, paralysieren.«[85]

Ein deprimierendes Bild ist es, das Wember da aufzeichnet. Ganz so schlimm scheint uns die Lage nicht zu sein. Allerdings hat Wember in einem Punkt sicher Recht. In Fernsehberichten stößt man immer wieder auf die so genannten Text-Bild-Scheren, fehlende Beziehungen zwischen Text und Bild. Sie sind schlimmer als Doppelungen, denn sie lenken den Zuschauer ab und verwirren ihn. Ein haarsträubendes Beispiel:

> Tausende von Menschen strömen an jedem Osterfest auf den Peters-
> platz in Rom, um den Segen »urbi et orbi« zu empfangen.

So lautete der Text zu Bildern, die einen Priester zeigen, der den fast menschen-
leeren Petersplatz überquert. Jeglicher Bezug zu den Bildern fehlte – mehr noch:
Die Bilder zeigen etwas völlig anderes, als das, was im Text gesagt wird. Vermutlich
hat der Autor seinen Text anhand von Agenturmeldungen geschrieben, ohne die
Bilder zu kennen.

Allerdings kommt es auch vor, dass Autoren ganz bewusst Informationen
und Bilder verknüpfen, die nicht zueinander passen. In einem Beitrag über den
Benzinmangel in einem osteuropäischen Land zeigt der Autor eine Straße, auf der
mehrere Autos fahren. Im Text heißt es dazu:

> Alle Räder stehen still. Nichts geht mehr auf Sofias Straßen …

Eklatanter kann eine Text-Bild-Schere kaum sein. Der Zuschauer weiß nicht, ob er
den Bildern trauen soll oder dem Text des Autors. Beides ist nicht möglich, dafür
ist der Widerspruch zwischen Text und Bild zu groß.

Ein anderer Beitrag über einen Karl-Marx-Gedenktag beginnt mit Bildern einer
Kleinstadt, die der Autor mit folgendem Text gekoppelt hat:

> Am 10. September 1987 war Honecker in Trier und besuchte mit dem
> damaligen Ministerpräsidenten Dr. Vogel auch das Karl-Marx-Haus. Drei
> Jahre später war der Staatsratsvorsitzende weg vom Fenster, die DDR
> und der real existierende Sozialismus hörten auf, real zu existieren. Mit
> dem Fall der Mauer wurde es im Karl-Marx-Haus stiller …

Nur Bilder von Honecker hätten die Schere verhindert – der war aber weit und
breit nicht zu sehen.

Entweder lauscht der Zuschauer dem Text oder er konzentriert sich auf die
Bilder. Beides ist fast nicht möglich. Besonders fatal sind Scheren, wenn Text wie
Bild gleichermaßen ausdrucksstark sind. Im oben genannten Film geht es weiter
mit eindrucksvollen Bildern von abgeholzten Wäldern, und der Text holt noch
einmal kräftig aus:

> Industrie schafft Umweltprobleme, das erkannte schon Marx. Ebenso,
> dass Fließbandarbeit entfremdete Arbeit ist. Er wusste, dass die
> Arbeitslosigkeit wächst, wenn die Absatzmärkte nicht ständig erweitert
> werden können. Und Arbeitslosigkeit kann, so dachte er, letztlich mit
> dazu beitragen, dass ethische und religiöse Werte ihren Sinn verlieren

> und die Bejahung von Kapitalismus und Demokratie in Radikalismus und
> Politikverdrossenheit umschlägt. Heimatlosigkeit stellt sich dann rasch
> ein. Und so wächst die Zahl der Fußkranken in der Leistungsgesell-
> schaft ...

Und ein gutes Stück noch so weiter. Hier hat das Bild keine Chance, und dieser Text erst recht nicht. Für einen Fernsehtext ist er vollkommen ungeeignet. Die Aufnahmefähigkeit des Zuschauers wird durch solche Scheren überstrapaziert. Wie soll er sich verhalten? Den Bildern folgen, die nichts oder nur wenig mit dem Text zu tun haben? Oder auf den Autor hören und dabei die Augen schließen? Wenn amerikanische Kampfjets auf einem Flugzeugträger den Ernstfall trainieren, dann sind das nicht die richtigen Bilder, um zu erklären, warum sich der Konflikt zwischen China und Taiwan zugespitzt hat. Bilder zeigen immer konkrete Begebenheiten, nie etwas Abstraktes. Im Text müssen allerdings hin und wieder Hintergründe und Zusammenhänge beschrieben werden. Das kann das Bild häufig nicht leisten. Liegen Bild und Text in solchen Fällen zu weit auseinander, bleiben dem Zuschauer nur zwei Möglichkeiten: Dem Text folgen und die Bilder vernachlässigen, oder aber – was wahrscheinlicher ist – die Bilder ansehen und dem Text nicht mehr folgen. Verstehen wird er in beiden Fällen nur schwer.

Im Einzelfall kann sich der Text kurzzeitig vom Bild entfernen. In der Praxis ist es nicht möglich, das Bild permanent in den Text zu integrieren – und auch nicht zwingend notwendig. Im folgenden Beispiel ist es legitim, dass der Text einige Informationen vermittelt, die nicht ständig vom Bild gestützt sind. Im Bild ist ein Fernsehstudio zu sehen. Der erste Satz nimmt das Bild auf und kommt dann zum eigentlichen Thema, nämlich der Zensur:

> Wer hier arbeitet, hat es geschafft. Im Studio von Shanghai-TV laufen
> die letzten Vorbereitungen für die Abendnachrichten. Die Sprecherin,
> Frau Zhen Di, meint, der Titel der Sendung »News Today« signalisiere
> Offenheit. An diesem Abend verliest sie allerdings fast nur offizielle
> Verlautbarungen. Nachrichten aus dem Ausland kommen nur am Rande
> vor. Später, hinter den Kulissen, erklärt sie uns vorsichtig, neben den zen-
> sierten Berichten gebe es auch wirkliche Nachrichten.

Die Schere entsteht, wenn der Reporter auch dort etwas zeigen soll, wo er nichts zu zeigen hat. Scheren kommen häufig vor, wenn der Reporter einen bildarmen Bericht anfertigen muss, gleichzeitig aber viele Informationen vermitteln soll. In diesem Fall bietet es sich manchmal an, auf grafische Elemente auszuweichen. Damit können nötige und dennoch unanschauliche Informationen visuell ansprechend umgesetzt werden.

Auch der Griff ins Filmarchiv kann helfen, wenn Bilder zu einer aktuellen Entwicklung nicht vorhanden sind. Der Text kann das aktuelle Geschehen dann einordnen:

> Schon vor zwei Jahren hatte man versucht, dieses Problem zu lösen …

oder:

> Es ist noch kein Jahr her, dass der Präsident versucht hatte, den Ausnahmezustand zu beenden.

Dadurch wird dem Zuschauer erklärt, dass er hier Archivmaterial zur Illustration aktueller Inhalte vorgesetzt bekommt. Dabei ist es durchaus möglich, im Text kurzfristig von den Bildern abzuweichen, um auf die aktuelle Entwicklung, zu der die Bilder fehlen, einzugehen. Allerdings müssen Bilder und Text dann möglichst oft wieder zueinanderfinden. In der Regel ist dieses Vorgehen nur eine Notlösung. Auf jeden Fall aber trägt das mehr zum Verständnis bei als komplizierte Sachverhalte aufgrund neutraler, nichtssagender oder – was noch schlimmer wäre – inhaltlich abweichender Bildern zu erklären.

Eklatant wird die Schere, wenn Bild und Text konkret sind. Vor allem bei Schriftzügen oder Zahlen. Bekommt der Zuschauer hier im Text andere Informationen, als die, die im Bild zu sehen sind, weiß er nicht, wofür er sich entscheiden soll. Ein Beispiel: Das Bild zeigt eine Tafel mit der Prozentangabe 24,2 Prozent – und der Text lautet:

> Zwei Euro 33 mehr kostet heute im Durchschnitt das Brot.

Das Verstehen eines solchen Beitrages ist ganz erheblich erschwert. Sollen beide Angaben genannt werden, so müssen sie auf verschiedene Bilder getextet werden:

> Um 24,2 Prozent ist der Preis gestiegen. Ein Brot kostet also heute zwei Euro 33 mehr.

Allerdings lassen sich Text-Bild-Scheren nicht immer vermeiden. Gerade in Nachrichtenbeiträgen, die Pressekonferenzen oder Staatsbesuche enthalten, kommen sie gelegentlich vor. Hier lenken die Bilder nicht ab, der visuelle Zusammenhang bleibt bestehen: »Bedingt durch den Gesamtkontext kann es also in Fernsehbeiträgen immer wieder Passagen geben, in denen schwache Text-Bild-Bezüge nicht als Irritation wahrgenommen werden. Der Text kann auch Ergänzungen geben, die weit über das Bild hinausgehen.«[86]

Manche Themen eignen sich auch gar nicht für Fernsehberichte. Das sollte bei der Nachrichtenauswahl berücksichtigt werden. Ein Schaltgespräch zwischen Moderator und Redakteur könnte dann die Lösung sein. Mit Sicherheit ist das informativer und verständlicher als ein Bericht ohne ausreichendes Bildmaterial oder das bloße Verlesen eines Textes auf Bilder, die nichts zum Verstehen eines Sachverhaltes beitragen.

4.6   Satzbau und Bild

Eine exakte Verständlichkeit ist am besten möglich, wenn Satzbau und Bildinhalt präzise zusammenpassen. In der Praxis kommt es häufig vor, dass der zum Bild passende Satz schon vor dem Umschnitt beginnt, beispielsweise, wenn das Timing schlecht ist oder wenn das entsprechende nachfolgende Bild für eine wichtige Information zu kurz steht. Dann geraten Bild und Text auseinander, was das Verstehen natürlich beeinträchtigt.

Der Satz sollte mit dem Wort beginnen, das direkt an den Bildinhalt anschließt. Dann kann er Inhalte ansprechen und weiterführen, die nicht im Bild zu sehen ist. Das Bild gibt so die Anknüpfung, den Anfang des Satzes vor.[87] Der Satzanfang spricht damit das Bild an. So bestimmt das Bild den Satzbau mit. Ist das Bild zum Beispiel ein Konzertausschnitt, dann sollte der Satzanfang das ansprechen: »Benefizkonzerte …«. Im Anschluss daran kann der Rest des Satzes den Bildinhalt vertiefen: »… gehörten zum Programm seines politischen Engagements.«

Der zweite Teil des Satzes sagt also, was dem Bild nicht zu entnehmen ist. In einem anderen Beispiel zeigt das Bild in einer Totalen einen Schrotthaufen. Nicht zu sehen ist, dass es sich um eine Zufahrt handelt, ebenso nicht, wer den Schrott aufgehäuft hat. Folgerichtig sagt das der Text im zweiten Satzteil:

Mit zehn Tonnen Schrott blockierten Bürgerinitiativen und die Umwelt-schutzorganisation Robin Wood die Zufahrt.

Dasselbe Prinzip gilt auch für zusammengesetzte Sätze. Der Hauptsatz kann die Bildaussage ansprechen, sie im Nebensatz ergänzen und vertiefen. Beispiel: Im Bild kommt eine junge Frau in ein Zimmer:

Der Albtraum kommt in Gestalt von Sarah, die Leon in einem Cafe ange-sprochen hatte.

Hier spricht der Hauptsatz das Bild an, der Nebensatz führt weiter. Verständlich und sogar stilistisch interessant kann es also sein, das Bild in einem ersten Teilsatz anzusprechen und das Neue, was das Bild nicht mitteilen kann, nachzusetzen. Im folgenden Beispiel geschieht das in zwei Schritten. Im Bild ziehen Männer einen Fisch aus dem Wasser, und der Text des Beitrages beginnt so:

Sie haben einen seltenen Fang gemacht, die Fischer auf den Antillen.

Für kürzere Sätze ist das Zusammengehen von Satzanfang und Bildinhalt nicht zwingend. Manche Sätze sagen schon am Satzanfang das inhaltlich Wichtige, das aber nicht im Bild zu sehen ist. Solche Sätze haben eine besondere Intensität, zum Beispiel:

<u>Königsallee</u> heißt dieses Kunstwerk.

Normalerweise würde der Satz heißen:

Dieses Kunstwerk heißt <u>Königsallee</u>.

5 Rhetorische Planung

5.1 Der Schnitt ist ästhetisch

Der Bildschnitt gibt einem Beitrag den Rhythmus. Deshalb muss die Auswahl der Bilder vielfältige Wechsel von Einstellungen zur Folge haben. Berichte, die nur aus Großeinstellungen bestehen, würden den Zuschauer bald langweilen. Erst der Wechsel zwischen Nähe erzeugenden und Distanz haltenden Aufnahmen macht Fernsehbeiträge attraktiv. Im Schnitt ist deshalb auf die Vielfalt der Einstellungen zu achten. Auf eine Großaufnahme sollte nur in begründeten Ausnahmefällen eine weitere Großaufnahme folgen. Kameraschwenks sollten möglichst nicht aneinandergereiht werden. Das gilt auch für Zufahrten von der Totale auf die Großaufnahme oder den Aufzieher von der Großaufnahme zur Totalen. Kamerabewegungen sollten nicht durch einen Schnitt unterbrochen werden. Das Bild muss in der Regel erst seine Ruheposition erreichen. Im Schnitt muss der Autor beachten, dass bewegte Bilder und kurze Einstellungen mehr Aufmerksamkeit des Zuschauers erfordern, als statische Bilder und lange Einstellungen.

Im Schnitt herrscht oft die Ästhetik vor, die nicht immer die Information im Auge hat. Cutter neigen dazu, starke Bilder auszuwählen. Sie lassen meist bewegte Bilder länger stehen, unbewegte kürzer. Aus ästhetischen Gründen ist das durchaus sinnvoll. Allerdings geschieht dies häufig unabhängig von Informationsgehalt und rhetorischer Funktion. »Die Arbeit am Schneidetisch ist eine des Vertuschens, des Ausbügelns und des Rettens«[88], sagt Harun Farocki. Ganz so schlimm ist es wohl nicht, aber sicherlich ist richtig, dass sich viele Autoren und Cutter durch den Reiz der Bilder dazu verführen lassen, die Inhalte zu vernachlässigen. Manche Bildinformationen erlangen durch ihre oft leere Bewegungsintensität größere Bedeutung, als ihnen eigentlich gebührt. Natürlich ist dies kein Plädoyer für schwache Bilder. Attraktive Bilder oder solche mit viel Bewegung haben in Fernsehberichten durchaus ihren Platz. Wer informieren will, muss der Versuchung des Ästhetischen allerdings manchmal widerstehen können.

5.2   Der Text ist rhetorisch

Die meisten Fernsehberichte wollen auf etwas hinaus. Eine Ausnahme sind Nachrichtenfilme, die den wichtigsten Inhalt im ersten Satz sagen. Dieses rhetorische, zielgerichtete Prinzip muss nicht immer chronologisch sein, sondern logisch. Für ein Produkt mit zeitlichem Verlauf wie einen Filmbeitrag bedeutet das häufig, dass die zentralen Aussagen auf das Ende hinauslaufen. Was will der Autor dem Zuschauer sagen? Das Prinzip ist vergleichbar mit dem einer guten Rede. Das Rhetorische ist auf Wirkung aus. Ein Text muss also nicht nur Informationen enthalten. Es geht auch darum, dass er vom Zuschauer akzeptiert wird. Die Frage »Was bedeutet das?« macht einen Text rhetorisch.[89] Entgegen verschiedener Bedenken muss ein rhetorisches Verständnis des Textens für das Fernsehen keineswegs die journalistische Seriosität behindern.

Das Rhetorische muss »einleuchten«, und der Zuschauer muss Schritt für Schritt mit den Aussagen mitgehen können. Diese Klarheit gilt es zu planen, nicht nur für den Text, sondern für das Zusammenspiel von Bild, Text und Interviewausschnitten. Dazu muss der Autor eine Geschichte zunächst unabhängig davon sehen, ob ihre einzelnen Schritte durch Bilder oder Text realisiert werden. Inhaltliche Sprünge in Themen oder Aspekten des Themas würden das Verstehen erschweren, wie folgendes Beispiel zeigt:

> Vor Ausbruch des Krieges im Irak lebte er als Schriftsteller und Universitätsprofessor in einer multikulturellen Gesellschaft. Heute lebt er im Exil. Bagdad war für ihn gleichzeitig Jerusalem und Babylon. Faszinierend, nicht konfliktfrei, aber friedlich. Der Glaube daran ließ ihn noch lange nach Kriegsausbruch bleiben.

Dieser Text scheint sich auf den ersten Blick zu widersprechen. Erst ist davon die Rede, dass der Professor ins Exil ging. Dann heißt es, dass er noch lange nach Kriegsausbruch in Bagdad geblieben ist. Durch die unmittelbar aufeinanderfolgenden Zeitsprünge wird der Zuschauer irritiert. Besser wäre es gewesen, beide Aussagen zunächst zu erklären und sie nicht in unmittelbaren Bezug zueinander zu setzen. Liegen Bild-, O-Ton- oder Textinformationen auseinander, muss der Autor sie behutsam zusammenführen. Der Wechsel von Handlungen, Parteien oder Schauplätzen sollte deutlich gemacht werden: »Zwei Tage später ...« oder »Die Scientology-Filiale in Frankfurt am Main«. Besonders an Schlüsselstellen eines Beitrages muss der Zuschauer immer wieder klare Angaben erhalten.

Der Text sollte auf keinen Fall ansprechen, was erst im weiteren Verlauf des Berichtes vorkommen wird. Das weiß nur der Autor! Bodo Witzke weist in diesem Zusammenhang auf die Grundelemente des »Storytellings« hin, die vor allem in Reportagen zum Tragen kommen. Erzählen im Film heißt für ihn, dass der Erzähler am Anfang noch nicht alles verraten soll. Für den Zuschauer bedeutet es, dass er am Anfang des Filmes noch nicht alles verstehen können muss, denn wer gut erzählt, lässt seine Zuschauer die Welt selbst entdecken und gibt nicht zu viel auf einmal preis. Ein Journalist, der sich durchgehend als »allwissend« beweisen muss, kann nicht erzählen, lautet Bodo Witzkes Fazit.

Der Text sollte nur dort eine neue Perspektive eröffnen, wo die Bilddramaturgie das trägt. Auch darf der Text keine später nicht eingelösten Erwartungen erwecken oder falsche Fährten setzen. Werden Szenen nachgestellt, muss der Autor im Text darauf hinweisen.

Weil die Geschichte auf etwas hinaus will, stellt man sich in der Planung den Beitrag am besten vom Ende her vor. Meist fällt es nicht schwer, eine oder zwei Hauptaussagen zu formulieren, die dann durch Text und Bild umgesetzt werden. Der Autor sollte sich also bemühen, den Schluss des Beitrages mit den Hauptaussagen und Zusammenfassungen nie aus den Augen zu verlieren.[90] Dabei ist es hilfreich, wenn der Autor das Verhältnis von Text und Bild schon in der Planung klärt. In der Regel fallen dann die Punkte auf, die einen Beitrag überfrachten, überflüssig sind oder das Verstehen stören. In der Planung kann der Autor einen roten Faden entwickeln. Dann sieht er, wo einzelne Punkte falsch gewichtet sind und welche Text- und Bildelemente in welchem Teil des Beitrages gehören.

6 Das Innere von Textpassagen

6.1 Pointieren

Durch den Wechsel von unbetexteten Bildern, Text-Bild-Kombinationen und Interviewausschnitten entstehen einzelne Textblöcke. Viele dieser Passagen sind schwer zu texten, weil sie in kurzer Zeit von einem Aspekt zum nächsten führen müssen. Gerade deshalb müssen vor allem solche Textpassagen in sich schlüssig sein. Meist leiten sie zu einem neuen Punkt über oder stellen logische Verbindungen her. Solche Textblöcke lenken die Aufmerksamkeit des Zuschauers in eine bestimmte Richtung. Deshalb sollten sie zielgerichtet geschrieben werden. Sie müssen Schritt für Schritt verstehbar sein. Häufig kann der Text dann auf die Pointierung eines wichtigen Inhaltes hinauslaufen. Das geht sogar mit Texten, die scheinbar trocken sind, wie das Beispiel eines Erklärstückes zeigt:

> NAM VIET – südliches Land. So nannten es die Chinesen, die vor rund 2500 Jahren in den Norden Indochinas vordrangen, die Region besiedelten und nutzbar machten. Die Geschichte dieses Landes ist eine Geschichte der Gewalt. Es waren Franzosen, Japaner und schließlich die Großmacht USA, die Vietnam in ein riesiges Schlachtfeld verwandelten. Allein in diesem Jahrhundert haben mehr als dreißig Jahre Krieg Not und Elend über die Menschen gebracht, das Land verwüstet und seine Wirtschaft zerstört. Die heutige Unabhängigkeit ist teuer erkauft.

Die gesamte Eingangspassage ist auf einen Satz hin pointiert:

> Die heutige Unabhängigkeit ist teuer erkauft.

Auf ihn läuft alles hinaus. Es ist natürlich nicht falsch, das Wesentliche auch vor der Kernaussage anklingen zu lassen:

> Die Geschichte dieses Landes ist eine Geschichte der Gewalt.

Doch das Pointieren auf bestimmte Aussagen hin erleichtert dem Zuschauer das Verstehen. Gerade in Bezug auf die Gewichtung bestimmter Aspekte ist es ein wirkungsvolles, rhetorisches Element. Es eignet sich allerdings nicht für

Nachrichtenfilme, denn nach dem Lead-Satz-Prinzip sollte hier das Wesentliche immer zuerst gesagt werden.[91]

In vielen Beiträgen erfährt der Zuschauer nicht, worauf einzelne Passagen hinaus wollen. Häufigster Fall: Der Textteil beginnt und endet mit sehr weit auseinanderliegenden Themen, Aussagen oder Fragen. Dann wird der Zuschauer Schwierigkeiten haben, die einzelnen Inhalte einzuordnen, wie folgendes Beispiel zeigt:

> Jean Paul, der weiße Riese der Literatur, ein ungedrucktes Zettelband ist es, das er hinterließ. Was er, der auch in Bayreuth lebte, niederschrieb, ließ sich kaum drucken, so viel war es ihm, dem Zeitgenossen Goethes, dass er scherzte …

Hier passen die Gedankenschritte nicht zusammen. Die Textteile sind nur unzureichend logisch miteinander verknüpft. Es entstehen Brüche im Text. Eine stringente Linie von Aussagen, die konsequent auf das Ende hin führen würde, ist nicht zu erkennen. Dass Jean Paul »auch in Bayreuth lebte« und »ein Zeitgenosse Goethes« war, führt zu weit vom eigentlichen Thema, »dem ungedruckten Zettelband«, weg. Zudem bauen die Aussagen nicht Schritt für Schritt aufeinander auf. Ein solches Ende lässt den Zuschauer ratlos zurück. Gerade der Gebrauch des Wortes »jedenfalls« sorgt häufig für solche Brüche, was folgendes Beispiel deutlich macht:

> Jean Paul, ein genialer Philosoph? Richard Wagner jedenfalls zieht in Bayreuth mehr Besucher an.

Es kann nicht gelingen, die beiden Sätze logisch nachvollziehbar zu verknüpfen, dazu sind die Aussagen inhaltlich zu weit entfernt.

Viele Texte können schon deshalb nicht pointiert sein, weil sie überladen sind. Häufig werden Zusatzinformationen in einen Text hineingequetscht. Dieser lässt sich dann kaum noch verständlich vermitteln. Nicht verwunderlich, wenn einerseits Information verdichtet, andererseits zusätzlich zu einem oft schnell wechselnden Bildverlauf möglichst alles angetextet werden soll. Deshalb ist gerade bei Fernsehtexten Vorsicht mit »Nebenbeninformationen« geboten, die möglicherweise der Vollständigkeit dienen, aber dem Verständnis beim einmaligen Hören abträglich sind.

Die folgende Textpassage spricht auf knappem Raum von mehreren Ebenen: Zunächst wird eine Spielfilmhandlung erwähnt. In der wiederum kommt eine Talkshow vor – die auch angesprochen wird. Schließlich bewertet der Autor am Schluss der Passage mit einer rhetorischen Frage – und das alles in acht Sekunden:

Zuspitzung eines Horrorthrillers in der Fernsehtalkshow. Ein Skandalschriftsteller gibt endlich das begehrte Exklusiv-Interview – und ein Millionenpublikum hält ebenso wie Programmmacher und Polizei den Atem an: Wird der Mann in die Falle gehen und sich als der gesuchte Sexualmörder outen? Doch – wer streut hier wem Sand in die Augen – beim großen Coup der allgemeinen Sensationsgeilheit?

Der Autor hat sich und den Zuschauern zu viel zugemutet. Der Text wird zu dicht. Auch das Bild konnte in unserem Beispiel nicht aufklären, weil es mit all diesen Inhalten ebenso stark und dicht war. Um die Fülle an Informationen verständlich zu vermitteln, müsste der Autor seine Aussagen besser strukturieren. Das ginge am sichersten in drei Schritten:

Der Film ist ein Horrorthriller: Er spitzt sich zu, als der Held in einer Talkshow auspackt. Beim begehrten Exklusiv-Interview …

Erst dann wird deutlich, worauf der Autor hinaus will.

6.2   O-Töne an- und abtexten

Originaltöne (O-Töne) sind Aussagen von befragten Personen. Auch hier ist die Auswahl entscheidend. Der O-Ton sollte ein substantielles Statement enthalten. O-Töne haben verschiedene Funktionen. Häufig werden sie gebraucht, um die persönliche Meinung einer Person zum Ausdruck zu bringen. Ein O-Ton kann durchaus wertend sein, was der Text ja meist vermeiden sollte:

Ich bin ohne Wenn und Aber gegen das Sparpaket.

Ein O-Ton kann benötigt werden, wenn eine Expertenmeinung gefragt ist:

Bausparverträge lohnen sich nur unter bestimmten Voraussetzungen …

O-Töne bieten sich auch an, wenn Erlebnisse oder Vorgänge beschrieben werden sollen, die sich bildlich nicht zeigen lassen:

Ich sah, wie ein Mann das Feuer legte …

In anderen Fällen eignen sich O-Töne, weil die Aussage markant oder originell ist und damit die persönliche Note eines Menschen vermittelt wird.

O-Töne gehören nicht zwingend in einen Beitrag. Schlechte O-Töne können durchaus bremsend wirken und die Attraktivität eines Filmes mindern. Sie sollten eine der oben genannten Funktionen erfüllen. Häufig enthalten sie nur Sachinformationen, die der Autor klarer und verständlicher im Text ausdrücken kann. Andererseits können O-Töne einem Beitrag einen gewissen Rhythmus geben und so eine dramaturgische Funktion übernehmen. Das sollte jedoch nie der alleinige Grund für den Einsatz von O-Tönen sein. Sie sind dann überzeugend, wenn sie den roten Faden eines Beitrages stützen und die Geschichte vorantreiben.

Wie kann man O-Töne geschickt in einen Beitrag einbauen? Oft geschieht dies wenig originell. Gerade in Nachrichtenbeiträgen hört man häufig: »Ein Sprecher dazu:…« oder »Der Minister äußerte sich wie folgt: …« Dann sieht man den Minister, der sich – oh Wunder – äußert. Durch die bloße Ankündigung, dass nun der Minister spricht, wird kein Inhalt vermittelt. Hier wird Sendezeit verschenkt. Besser ist es, mit einer inhaltlichen Aussage auf den O-Ton hinzuführen: »Der Minister ist da skeptisch.« Im O-Ton folgt dann die Begründung. So treiben Text und O-Ton den Bericht gemeinsam voran.

Entscheidend für das Antexten eines O-Tones ist, dass der Zuschauer nachvollziehen kann, warum nun eine Aussage folgt. Im Text sollten keine Brüche entstehen. Klare und einfache Sätze sind gefragt, mit denen sich Interesse wecken lässt:

> Eine überraschend einberufene Sondersitzung sorgte heute Morgen für Aufregung. Für den Kreml-Experten Boris Jankow steht eine politische Sensation bevor.

Im O-Ton folgt dann:

> Ich glaube, dass der Präsident zurücktritt …

O-Töne müssen in vielen Fällen vorsichtig inhaltlich vorbereitet werden:

> Langsam werden ihre Erfahrungen während der Wende zur Nebensache. Erst jetzt, nach acht Jahren, hat sie das Gefühl, angekommen zu sein – angekommen, um wieder aufzubrechen.

Der O-Ton führt das weiter:

> Ich muss bald wieder den Ort wechseln. Hier bieten sich mir keine Perspektiven.

Zu vermeiden ist es in jedem Fall, die Aussagen eines O-Tones vorwegzunehmen:

> Die Geschädigten wollen vor Gericht ziehen.

Und der O-Ton sagt schon im ersten Satz:

> Wir werden ein Gericht anrufen.

Solche Doppelungen sind überflüssig und störend.

Wird ein O-Ton gar nicht angetextet, ist der Überraschungsmoment für den Zuschauer sehr groß. Dann besteht die Gefahr, dass der Zuschauer durch den O-Ton überfallen wird und ihn nicht richtig einordnen kann, was folgendes Beispiel zeigt. Der Text vor dem O-Ton lautet:

> Nicht nur Amerika war es, das Kolumbus entdeckte.

Dann folgt der O-Ton:

> Ich habe mich immer für den Erhalt der Tierwelt auf den Galapagos-Inseln eingesetzt.

Hier passen Text und O-Ton nicht zusammen. Der Zuschauer wird auf die Aussage des Tierschützers nicht vorbereitet.

Nicht immer ist ein explizites Ankündigen des O-Tons nötig. Der Text kann die Aussage eines O-Tons auch vorbereiten. Der Text überlässt dem O-Ton dann die Fortführung:

> Ein einheimischer Likör-Konzern hat diesen kostbaren Lebensraum gekauft. Er will den Küstenurwald abholzen und den Mangrovensumpf trockenlegen, um hier eine Luxussiedlung zu bauen – mit Golfplatz, Parks und Restaurants.

Der O-Ton kann beginnen:

> Und das soll ersetzen, was die Natur in Tausenden von Jahren geschaffen hat. Das ist unverschämt, völlig maßlos und zerstörerisch. Wir werden nicht zulassen, dass dies geschieht!

Mit halben, amputierten Sätzen den O-Ton vorzubereiten ist bedenklich. Das schafft oft einen neuen Zusammenhang, der nicht immer der Aussage des O-Tones entspricht.

Auch ein schlecht angetexteter O-Ton wirkt als Fremdkörper. Im folgenden Beispiel passt nichts zusammen:

> Wie kaum ein anderer Regisseur versteht es Neil Jordan, zwischen den verschiedenen Genres zu wandern.

Es folgt der O-Ton:

> Wir leben in einer Welt der Ideologien. Wenn es hier um Nordirland geht, sagen einige Leute: Oh, da müssen sie aber die politischen Zusammenhänge erklären.

Andere Ankündigungen lassen das Gegenteil dessen erwarten, was beim Antexten gesagt wurde. Das zeigt das nächste Beispiel:

> Russland hat seinen Glanz als unbesiegbare Militärmacht längst verloren. In Tschetschenien starben über 14.000 Soldaten, viele davon noch nicht einmal zwanzig Jahre alt.

Der O-Ton widerspricht dem Text:

> Ich möchte betonen, dass nicht ein einziger russischer Soldat in Tschetschenien zurückgelassen wurde.

Manchmal liegt die Kernaussage eines O-Tones in einem Nebensatz. Viele Autoren neigen in solchen Fällen dazu, den O-Ton einzuleiten und dann mit einer Passage mitten aus der Aussage des O-Tones fortzufahren. Im Text heißt es dann beispielsweise: »Der Minister rügte die Opposition, weil …« Dann folgt der O-Ton: »… sie sich ganz und gar starrsinnig verhält.« Diese Methode hat mehrere Nachteile. Meistens ist die Grammatik nicht korrekt. Der Autor muss in seinem Text indirekte Rede benutzen, der O-Ton fährt mit direkter Rede fort. Zudem verwirrt ein überraschender Stimmwechsel innerhalb eines Satzes den Zuschauer. Er braucht einige Sekunden, um diesen Wechsel zu erkennen. Dann könnte die beabsichtigte Kernaussage schon vorbei sein. Der Verständlichkeit dient diese Art des Antextens von O-Tönen nicht. Besser wäre es, auf eine Aussage zurückzugreifen, die für sich allein grammatisch und inhaltlich korrekt steht.

O-Töne werden häufig auch bildlich wenig originell eingesetzt. Immer wieder wird dem Zuschauer ein Abgeordneter am Schreibtisch vorgeführt, der in seinen Akten blättert. Im Text heißt es dann: »Der Abgeordnete ist gegen das Projekt«. Dann fährt die Kamera auf die Akten, Großeinstellung der Blätter. Anschließend wird umgeschnitten auf den Abgeordneten, der sich dann äußert. Um Stereotypie in den Bildern zu vermeiden, sollte der Autor gerade für diese Passage beim Drehen auf originelle Alternativen achten. Vielleicht hat der Interviewpartner ja interessante Dinge im Büro, die in das Thema einbezogen werden können. Das kann eine solche Passage wesentlich anschaulicher machen. Wichtig ist natürlich, dass solche Kameraeinstellungen zu den Inhalten passen und nicht von ihnen ablenken.

Auch beim Aufnehmen von Originaltönen gibt es einiges zu beachten: Vor allem gilt es, Stereotype zu vermeiden. Der Satz »So weit der Minister« ist nichtssagend. In den meisten Fällen ist ein Abtexten nicht nötig, da die Aussagen für sich verständlich sein sollten. Formales, leeres Abtexten lenkt vom Inhalt ab und unterbricht den Fluss eines Berichtes. Häufig ist das Aufnehmen von O-Tönen inhaltlich weit hergeholt. Das Ende des O-Tons

> … Das hat uns natürlich nicht gefreut.

wird folgendermaßen abgetextet:

> Nicht gefreut hat auch die Parteifreunde, was heute morgen in der Zeitung stand …

In diesem Fall gibt es keine inhaltliche Verbindung zwischen den beiden Passagen. Oft stellt das letzte Wort den Satzbeginn des Textes. Das kann originell sein. Allerdings sollte dieses grundsätzlich legitime Mittel nicht zur Marotte werden.

Zum Abtexten gibt es vor allem zwei Gründe: Der O-Ton muss durch eine neue Entwicklung relativiert werden. »Der Vorstandsvorsitzende sollte sich irren …« Oder das Abtexten soll Distanz zum Inhalt des O-Tones schaffen: »Mit dieser Meinung steht der Pressesprecher ziemlich allein da.«[92]

Das Abtexten verlangt einen Rhythmus, der O-Ton und Text verbindet. Im folgenden Beispiel endet ein O-Ton auf:

> Was in dem Buch steht, bedeutet nichts.

Der Text schließt damit an:

Mit viel »Nichts« hat Waller, seit einem Jahr auf Platz eins der amerikanischen Bestsellerliste, all die Grishams, Crichtons und Clavells geschlagen ...

Weil ein solcher fließender Rhythmus letztlich ein Sprechrhythmus wird, sollte man den Text laut lesen und ebenfalls die letzten Wörter des O-Tones mitsprechen. Dadurch bekommt man ein Gespür dafür, ob das Abtexten passt oder nicht.

Werden in einem Bericht O-Töne aus einer fremden Sprache übersetzt, spricht man von »Voice-over«. Solche O-Töne sollten vor und nach der Übersetzung einige Sekunden offen stehen. So bekommt der Zuschauer einen Eindruck von der Person, die sich äußert, und kann die Melodie, den Gemütszustand oder die Eigenarten des Originals verfolgen. Ein bedeutender Satz des Dalai Lama etwa sagt auch dann etwas aus, wenn man die tibetische Sprache nicht versteht. In längeren Passagen fremdsprachiger O-Töne sollte man das Original hier und da auch während der Übersetzung für einige Sekunden offen stehen lassen.

Immer wieder sind Voice-over-Übersetzungen so sperrig, wie sie wohl niemals mündlich geäußert worden wären. Natürlich kann man sprachliche Ungeschicklichkeiten grammatisch glätten – nur sollte man sie eben nicht in Schriftsprache überführen. Die wörtliche Übersetzung ist zwar immer anzustreben. Häufig kann der Zuschauer die O-Töne dann allerdings nicht mehr nachvollziehen. In solchen Fällen ist es durchaus legitim, die Übersetzungen grammatisch leicht abzuwandeln. Inhaltlich dürfen die O-Töne selbstverständlich nicht verändert werden. Die folgenden Sätze eines Schauspielers sind leicht vereinfacht, behalten aber dessen Stil bei und sind typisch mündlich wie das Original:

We were shooting that turkey on the table for like a week. And by the end of it this lady would keep bringing on this turkey, they would keep bringing it back. And you know what these turkeys would get. You know there is something like bacteria floating around. You had to be careful. It was starting to get a little smelly you know – I mean nobody wanted to eat.

Und die Übersetzung:

Wenn bloß nicht dieser Truthahn gewesen wäre, tagelang drehten wir um diesen Truthahn herum – und Sie wissen ja, Truthähne werden mit der Zeit einfach ekelhaft. Am Ende hatte keiner mehr Appetit.

6.3 Anschaulich einsteigen

Der Einstieg eines Beitrages ist entscheidend für die Wirkung. Sind die ersten Bilder eines Beitrages langweilig oder wenig originell, wird es dem Autor schwerfallen, den Zuschauer zu fesseln. Ein guter Filmanfang ist der Garant dafür, dass sich der Zuschauer auf das folgende Thema einlässt, und das geht nicht über die reine Information, wie Sol Stein anhand einer Empfehlung für Sachbuchautoren deutlich macht:

> »Wie kann ein Journalist, der das ganze Wer, Was, Wann, Wo und Warum schon im ersten Absatz auftischt, vom Leser erwarten, dass er sich für den Rest des Artikels interessiert? Nackte Fakten genügen nicht, um den Leser bis zum Schluss an der Stange zu halten.«[93]

Wie also kommt man zu einem geeigneten Einstieg? Zu Beginn jedes Beitrages muss der Autor das Interesse des Zuschauers wecken. Dazu sollte er sich in die Lage des Zuschauers versetzen: Was kann er als bekannt voraussetzen? Welche Punkte interessieren den Zuschauer am meisten? Diese Fragen sollte der Autor sich stellen. Oft gibt bereits die Moderation Antwort, aber auch mit dem Filmbeginn darf das Interesse nicht nachlassen.

Mit einem bildstarken Detail anzufangen, baut Spannung auf. Ein Beispiel: Hände spielen Klavier, Musik ist zu hören, noch setzt der Text nicht ein. Erst nach einiger Zeit zieht die Kamera auf, und der Zuschauer erkennt, dass hier ein fünfjähriger Junge Mozart spielt. Würde das schon mit dem ersten Bild gezeigt, wüsste es der Zuschauer sofort, und das Überraschungsmoment wäre verpasst.

Auch ein Nebenschauplatz bietet häufig die Möglichkeit, bildlich und textlich interessant in ein Thema einzusteigen. Als Beispiel mögen die zahllosen Treffen der Politiker dienen. Auch ein Bericht zu diesem Thema kann spannend beginnen: Der Zuschauer sieht zunächst nur das Gesicht eines US-Polizisten mit der typischen Sonnenbrille. Dann wird seine Maschinenpistole gezeigt. Ein anderer Polizist ist auf einem Dach in Stellung gegangen. Spannung wird aufgebaut, Neugierde geweckt. Wen sollen die Polizisten bewachen? Warum sind sie bewaffnet in Stellung gegangen?

Die Polizisten sollen die Staatsgäste beim 50. Jubiläum der UNO sichern; deshalb befinden sie sich auf dem Dach. Das wird mit den ersten Bildern des Beitrages noch nicht deutlich. Allerdings ist der Sprung von den Sicherheitskräften zum eigentlichen – bildarmen – Thema nicht mehr groß. Ohne inhaltlichen und bildlichen Bruch ist der Wechsel zu den Staatsmännern möglich, die in ihren

Limousinen vorfahren. Dann können auch die nicht mehr so interessanten Bilder der Staatspräsidenten gezeigt werden. So kann ein spannender Einstieg gelingen.

Offen stehende Bilder scheinen manchen Autoren Angst einzujagen. Sie werden nur selten benutzt, obwohl sie sich gut für den Beginn eines Beitrages eignen. Sind die ersten Bilder stark, dann sollten sie auch für einige Momente ohne Text wirken. Generell gilt: Der Text sollte nie mit dem ersten Bild eines Beitrages beginnen.[94] Der Zuschauer muss die Gelegenheit erhalten, sich einige Augenblicke lang an den Beginn eines Beitrages zu gewöhnen, bevor der Text einsetzt.

Das zeigt auch der Einstieg in einem Film über ein Mathematikgenie. Zunächst sind nur Zahlen zu hören, die eine Person in einer scheinbar wirren, extrem schnellen Folge ausspricht. Diese Person sitzt gemeinsam mit einer anderen in einer Art Laborraum. Noch erfährt man im Text nichts über die Situation, in der sich die beiden Männer befinden. Die Auflösung der Szene wird bewusst hinausgezögert. Solche retardierenden Momente helfen, um Spannung aufzubauen. Erst später stellt sich im Text heraus, dass hier unglaubliche mathematische Leistungen untersucht werden.

Starke Bilder zu Beginn reichen nicht aus – auch der Text braucht einen interessanten Einstieg. Viele Beiträge beginnen sofort mit den Fakten, ohne anschaulich auf sie hinzuführen:

> Aktuelles Gespräch im Mülheimer Arbeitslosentreff. Die Einrichtung der Evangelischen Kirchengemeinde eines Kölner Stadtteiles bittet zum Gespräch. Thema des Februarabends: »Mindestsicherung« und »Das schwedische Beschäftigungsmodell«.

So oder ähnlich hört man es leider immer wieder: informativ, aber langweilig und deshalb für das Zuhören nicht geeignet.

Auch Einstiegspassagen wie die folgende erwecken kein Interesse beim Zuschauer. Der Autor versuchte gleich zu Beginn möglichst viele Informationen zu geben. Damit wird der Text überfrachtet:

> Wieder einen festen Wohnsitz zu haben – das war für Hartmut Knopf entscheidend. Nachdem er ein Jahr obdachlos gewesen war, bot ihm der Gemeinnützige Verein WABe, das steht für Wohnung, Arbeit und Beratung, in Aachen diesen preisgünstigen Wohnraum an.

In vielen Beiträgen werden bereits am Anfang schwer verständliche Fakten präsentiert.

Hat der Zuschauer den Kontext oder die Protagonisten des Filmes noch nicht kennengelernt, verpufft häufig die Wirkung solcher Fakten, weil es dem Zuschauer nicht gelingt, eine Verbindung zu den Textelementen herzustellen.

Texteinstiege mit Daten, Ortsangaben und Zahlen sind unanschaulich und wenig fesselnd:

> Im Rhein-Ruhr-Gebiet sind schon 2.465 Kinder am Entero-71-Virus erkrankt, der im Großraum Düsseldorf für epidemieartige Verhältnisse sorgt.

Auch hier wäre ein spannender Einstieg denkbar gewesen:

> Die Gefahr liegt in der Luft. Unsichtbar verbreitet sie sich immer weiter …

Ein Fernsehbericht verträgt ohnehin nur wenige Fakten. Nicht immer müssen diese gleich zu Beginn genannt werden – selbst in Nachrichtenbeiträgen gibt es Möglichkeiten, Einstiege spannender zu gestalten als in unserem Beispiel:

> Bei der diesjährigen Verleihung des Oscars gab es zehntausende Besucher. Mehr als in den vergangenen Jahren …

So oder ähnlich hört man es immer wieder. Dabei ist ein verständlicher, präziser und pointierter Textanfang auch hier möglich:

> Typisch: Das Fernsehen liebt Oscar wegen der Zuschauer. Die Zuschauer lieben Oscar wegen der Stars, die Stars lieben Oscar wegen der Zuschauer, nur Oscar liebt nicht immer die Stars, die die Zuschauer lieben. Könnte es sein, dass der Goldzwerg keinen Geschmack hat?

Der Beginn muss nicht sofort die Kernaussage nennen. Er kann mit Aspekten beginnen, die Atmosphäre schaffen und dem Zuschauer so ein Gefühl für die Geschichte vermitteln. »Es ist häufig reizvoll«, sagt Halim Hosny[95],

> »Texte am Anfang so zu gestalten, dass der Zuschauer noch nicht sofort weiß, worum es geht. Es müssen nicht gleich alle Fakten präsentiert werden. Es ist viel spannender für den Zuschauer, wenn er erst nach und nach zu einer Geschichte hingeführt wird.«

Gerade bei Porträts bietet sich ein solcher Einstieg an. Im nächsten Beispiel werden zwei Leichtathleten vorgestellt, zunächst ganz privat und nicht als Profisportler:

> Danny und Carl kommen aus Los Angeles. Sie sind Freunde und Nachbarn. Everett links und Lewis rechts. So steht es auch am Klingelboard geschrieben, hoch oben auf den Hillsides über Los Angeles, wo die beiden fast eine Million Dollar in Nobelvillen investiert haben. Everett links – Lewis rechts. So viel zum Häuschen, aber was macht die Form?

Für einen zuschauernahen Einstieg eignen sich manchmal sogar Redensarten, abgewandelte Sprichwörter oder auch einfache Hinweise. Im folgenden Beispiel sind Politiker als Puppen zu sehen:

> Fast wie im richtigen Leben. Nicolas Sarkozy singt feuchtfröhlich ein Lied. Alle Franzosen lachen. Nur der Staatsanwalt nicht. Er hat Strafantrag gestellt – weil die Puppenshow das Ansehen der Staatsführung herabsetze. Spott über den Präsidenten – dafür hat die Obrigkeit zurzeit gar kein Verständnis.

Besonders zu Beginn eines Beitrages sollte der Autor die immer wiederkehrenden Wendungen der journalistischen Sprache vermeiden:

> Wie ein Augenzeuge berichtete, versammelte sich sofort eine große Menschenmenge …

Am besten gelingt der Einstieg, wenn der Autor so erzählt, als säße der Zuschauer neben ihm, wie etwa im folgenden Beispiel. Im Bild sind merkwürdig große Stahlteile zu sehen. Sie halten nicht als Bilderteppich für Informationen her, sondern führen zusammen mit dem Text in den Beitrag ein:

> Da stehen sie nun, die Bohrköpfe. Abgenutzt und zahnlos. Jahrelang haben sie das tiefste Loch Europas in die Erde getrieben, Millimeter für Millimeter …

Häufig werden zu Beginn von Beiträgen oder Reportagen immer wiederkehrende, abgenutzte Textpassagen verwendet. Bodo Witzke und Ulli Rothaus machen diese einstmals griffigen, allgemein akzeptierten Einstiegsfloskeln an einem Beispiel aus einem Reportagetext deutlich: »Kantine Nord, sieben Uhr früh. Vorarbeiter Harry Schächte beim Frühstück …«[96] Stattdessen schlagen sie Formulierungen vor, die Andeutungen machen, die Außergewöhnliches in Aussicht stellen und den

Zuschauer so neugierig machen, ohne schon zu viel von der folgenden Reportage zu verraten:

> Schon wieder Leberwurst mit Zwiebeln. Dabei hat er sich schon oft beim Küchenchef beschwert. Harry Schächte hasst Zwiebeln zum Frühstück, und heute hasst er sie ganz besonders.[97]

6.4   Prägnant enden

Auch dem Schluss kommt eine große Bedeutung zu, weil er der Teil des Beitrages ist, den der Zuschauer häufig am besten behält. Die Information am Ende bleibt beim Zuschauer meist als das Wesentliche eines Beitrages haften. Die letzten Worte sollen stark und möglichst einprägsam sein. Und sie sollen zusammenfassen. Sicherlich ist das alles richtig. Allerdings darf der Autor von den letzten Worten nicht zu viel verlangen. Sind wichtige Inhalte im Beitrag nicht vermittelt worden, wird es dem Autor auch nicht mit einem vehementen Schlussplädoyer gelingen.

Häufig wird der Inhalt zum Schluss eines Beitrages noch einmal erhöht. Etwa zum »bedeutendsten, was auf diesem Gebiet geleistet wurde«. Diese Erhöhung ist nur in ganz seltenen Fällen angebracht. Fast immer wird sie dem Inhalt nicht gerecht. Es gibt nun mal auch Berichte über Themen, die nicht etwas Außergewöhnliches darstellen. Mit der Kirche im Dorf zu bleiben ist deshalb ratsam.

Das andere Extrem sind langweilige, nichtssagende Schlusssätze wie:

> Bleibt zu hoffen …

oder

> … hat einmal mehr bewiesen …

Diese immer gleichen Formeln verleiten nicht zum Zuhören. Bei solchen Floskeln am Schluss hört der Zuschauer einfach weg. Zudem vermitteln sie keine Inhalte und pointieren nicht. Sie sehen stark nach einer Notlösung aus. Dem Autor scheint einfach kein besserer Schluss eingefallen zu sein. So mancher Beitrag nimmt einmal gemachte Aussagen durch platte Allgemeinheit zurück:

> Es bleibt abzuwarten …

Generell gilt: Sätze, die auf jedes Thema passen, weil sie allgemeingültig sind, sollten vermieden werden.

Besonders ungünstig sind Schlusssätze, die am Ende ein neues Thema aufmachen, das nicht mehr behandelt wird:

> **Und damit wären wir bei einem weiteren Skandal. Aber das ist eine andere Geschichte.**

Der Beitrag lässt den Zuschauer dann ratlos zurück.

Ein Textende beinhaltet oft eine Kernaussage, die zusammenfasst. Neben den beiden Extremen – übertriebene Erhöhung oder Stereotypie – ist auch hier Vorsicht geboten. Leicht könnte der Schlusssatz zu einer überzogenen Wertung kommen. Diese ist vielfach nicht angebracht. Meistens ist es besser, wenn sie den Zuschauern überlassen wird. Vielleicht bietet sich ja sogar ein Augenzwinkern an. Das Ende eines Schauspielerporträts endet so:

> **... Für ihn ist es eben doch nur ein Film.**

Nach dem letzten O-Ton des Beitrages sollte der Zuschauer Zeit haben, sich auf den Schluss vorzubereiten[98]. Bevor dann wieder der Text einsetzt, sollten die Bilder erst einige Sekunden wirken können. Der Schluss ist häufig eine Zusammenfassung der wichtigsten Inhalte. Deshalb ist es nur in Ausnahmefällen ratsam, einen Beitrag mit einem O-Ton zu beenden. Ein Politiker etwa bekäme dadurch die Gelegenheit zu einer Art Schlusswort. Das kann nicht im Sinne eines journalistischen Berichtes sein. Denn dem Zuschauer wird diese Aussage – meist unbewusst – als Fazit des Filmes in Erinnerung bleiben.

Schließlich gibt es auch ein formales Argument, das dagegen spricht, einen Beitrag mit einem O-Ton abzuschließen. Nach dem Beitrag erscheint in der Regel wieder ein Moderator auf dem Bildschirm, der mit der Sendung fortfährt. Das bedeutet, dass die Großeinstellungen zweier Köpfe unmotiviert aneinandergeschnitten werden. Ein Effekt, der störend wirkt. Nur in seltenen Fällen sollte der Originalton deshalb einen Bericht beenden.

Nach dem Ende des Textes sollte genug Bildüberhang vorhanden sein. Die Regie braucht mindestens eine Sekunde, um einen Beitrag auszublenden. Hat sie diese Zeit nicht, wird der Beitrag abrupt beendet – ein unschöner, vermeidbarer Effekt. Endet das Bild mit dem letzten Wort des Textes, kann die Kassette sogar in den unbespielten Teil laufen. Der Zuschauer sieht dann ein schwarzes Bild. Ein Fehler, der häufig passiert. Selbst dann, wenn das letzte Bild als Standbild »eingefroren« ist, das heißt, wenn der Bildüberhang mit dem letzten Bild verlängert wird, wirkt das nicht professionell.

7 Bedingungen des Textens

Fast immer ist es hektisch. Meistens ist der Autor unter Zeitdruck, und nur ganz selten kann er sich in aller Ruhe Gedanken machen. Das gilt vor allem für die aktuelle Berichterstattung. Die kurzen Nachrichtenfilme, die manchmal erst während der schon laufenden Sendung fertiggestellt werden, werden unter ganz anderen Bedingungen produziert als die längeren Reportagen. Allerdings, auch bei Reportagen achten die Produktionsleiter sehr genau darauf, dass keine Zeit verschwendet wird. Da sind Bilder, die der Kameramann gemacht hat, da ist der Cutter, der bereit ist, aus diesen Bildern einen Beitrag zu machen. Und da ist ein Redakteur, der meistens noch nicht so genau weiß, wie das jetzt funktionieren soll. Häufig steht für das Texten weniger Zeit zur Verfügung, als geplant. Dabei können ein paar Minuten Text oft einige Stunden Nachdenken gut gebrauchen, zumal der erste Entwurf fast nie dem Endergebnis entspricht.[99] Ein ständiges Feilen und Kneten ist für das Entstehen eines guten Fernsehtextes unerlässlich. Für den Zuschauer ist nur selten durchschaubar, unter welchen Bedingungen Berichte entstehen. Für ihn ist es auch völlig unerheblich. Den Zuschauer interessiert nur das fertige Produkt und dazu gehört natürlich auch der Text. Wann also soll sich der Autor um das Texten kümmern?

Texten vor dem Dreh?

Ein Text, der bei Abfahrt des Teams fertig vorliegt, schränkt den gestalterischen Spielraum des Kameramannes erheblich ein.[100] Er konzentriert sich nur noch darauf, den Text zu bebildern und ist so nicht mehr offen für neue, sich am Drehort ergebende Situationen. Dabei ergibt die Wirklichkeit am Drehort fast immer andere, interessantere Perspektiven als der Schreibtisch, an dem der Text entstanden ist. Deshalb raten wir von Texten vor dem Dreh ab. Allenfalls einige Stichworte sind akzeptabel.

Texten vor dem Schnitt?

Vor dem Schnitt zu texten hat Vor- und Nachteile. Der Vorteil: Der Autor kann im Schnitt gegenlesen. Dadurch ist es möglich, die Bilder sehr genau an den Text anzupassen. Der Nachteil: Wer zu sehr an seinem Text festhält, neigt dazu, interessante Bilder zu ignorieren, nur weil sie eben gerade nicht zu dem Text passen. Außerdem wird häufig eine bestimmte Einstellung gesucht, die es dann aber zu dem vorgefertigten Text nicht gibt. Das Ergebnis ist eine Notlösung. Auf jeden Fall sollte man bereit sein, den Text zugunsten von ausdrucksstarken, inhaltlich wichtigen Bildern zu ändern. Wer diese Technik bevorzugt, sollte die Bilder auf alle Fälle vor dem Texten genau sichten. Im Idealfall steht der Computer neben dem Sichtgerät, so dass der Autor beim Texten immer wieder die Bilder vor Augen hat.

Texten während des Schnitts?

Wer während des Schnitts textet, »klebt« nicht an seinem Text. Er gibt den Bildern die Möglichkeit, sich zu entfalten. Der Autor kann auf die Bilder reagieren und auf sie eingehen. Allerdings muss er sich vor dem Schnitt genau darüber im Klaren sein, welches der rote Faden seiner Geschichte ist und wie der Beitrag aufgebaut sein soll. Ist er sich dessen nicht bewusst, dann besteht bei dieser Methode die Gefahr, dass er zu viel an den Anfang packt und dann am Ende Zeitprobleme bekommt. Das kann dazu führen, dass wichtige Inhalte vergessen werden oder nicht mehr in den Beitrag passen. Zudem kann die Konzentration leiden, wenn man beim Texten permanent durch den Schnitt unterbrochen wird. Ein weiterer Nachteil: Der Autor konzentriert sich nicht mehr auf die Bilder und den Schnittrhythmus, sondern überlässt das dem Cutter. Das Formulieren fällt dann in der Regel schwerer. Andererseits lässt es sich gut fürs Sprechen schreiben, wenn der Cutter als erster Zuhörer Hilfe leistet. Ein Satz, der schon im Schneideraum nicht leicht ins Ohr geht, gehört nicht in den Text. Meist wird während des Schnitts getextet, wenn der Autor unter Zeitdruck steht.

Texten nach dem Schnitt?

Das Texten als letzter Schritt ist die sicherste Variante. Der Autor kann auf die Bildfolge reagieren. Dem Zusammenspiel von Text und Bild steht nichts im Wege. Gerade bei längeren Reportagen ist diese Methode unerlässlich. Hier müssen neben den Bildern auch die O-Töne und die Geräusche stimmen. Dazu muss das Konzept vor dem Schnitt feststehen. Anhand dieses roten Fadens sollte dann geschnitten werden. Texten nach dem Schnitt ist in der aktuellen Berichterstattung auch denkbar, aber in der Praxis selten möglich, da meist die Zeit fehlt. Der Nachteil bei dieser Methode ist, dass der Text in das durch den Schnitt vorgegebene Zeitkorsett passen muss.

Das leidige Thema »Timing«

Zu viel Text, zu wenig Bilder und natürlich wieder einmal viel zu wenig Zeit für ein bedeutendes Thema. Da ist der Autor, der natürlich die Länge seines Beitrages voll ausschöpfen will, und da ist der Chef vom Dienst, der mit jeder Sekunde seiner Sendung kalkulieren muss. Was also tun, um im vorgegebenen Zeitrahmen zu bleiben?

Jede Überfrachtung des Textes lässt das Bild außer Acht. Ein einfacher Zeitvergleich kann hilfreich sein: Ist der Text zwei Minuten und dreißig Sekunden lang und das Bild nur zwei Minuten und vierzig Sekunden, stimmt etwas nicht. Wer vor der Sprachaufnahme kürzt, beugt vor, denn rigorose Kürzungen während der Sprachaufnahme missglücken oft. Der Autor sollte den Mut haben, notfalls auch Wichtiges wegzulassen. Denn ein verständlicher Beitrag mit etwas weniger Information ist besser als einer mit mehr, dem kein Zuschauer mehr folgen kann. Allerdings sollte er auch nicht übertreiben und in ein Stakkato aus Fakten verfallen: Der reine Schlagzeilenstil ist nicht gerade typisch mündliche Ausdrucksweise und dementsprechend unattraktiv.

Ganz falsch ist es, einen überfrachteten Text doppelt so schnell zu lesen. Der Zuschauer ist mit dem gleichzeitigen Verstehen des Textes und der Bilder ohnehin schon gefordert. Wird der Text dann auch noch zu schnell gelesen und die Bilder mit Informationen zugepackt, dann geht das erheblich auf Kosten der Verständlichkeit. Wichtig ist, dass der Autor sich selbst gegenüber kritisch ist. Das Motto »Das schaffe ich schon, wenn ich ein bisschen das Tempo anziehe« ist falsch. Immer sollte der Autor mit den Tonkollegen sprechen. Sie haben geübte Ohren und hören, wenn ein Text überfrachtet ist.

Gerade in der aktuellen Berichterstattung texten Autoren häufig zu viel. Das Ergebnis ist ein zu hastig gelesener Text, der das Verstehen erschwert. Der Beitrag sollte nicht mit Text überfrachtet werden, damit die Sprachaufnahme nicht zur sprecherischen Akrobatik wird. Um den Text auf das richtige Maß zu bekommen, sollte der Autor immer schon im Schnitt seinen Text laut zum Bild gegenlesen. Dabei muss das Timing dem voraussichtlichen Tempo bei der Sprachaufnahme entsprechen. Ein positiver Nebeneffekt: Überflüssige und unreflektierte Wörter fallen auf und können gestrichen werden. Auch zu eng getextete Passagen kann der Autor entzerren. Manchmal bemerkt man erst hier, dass ganze Sätze gestrichen werden müssen. Es bietet sich ohnehin an, starke Bilder offen stehen zu lassen. Ein zusätzlicher Text würde den Zuschauer in manchen Fällen nur ablenken und stören. Die Sprechprobe ist ein sicheres Mittel, um stilistische und sprachliche Schwächen zu erkennen. Wer sich bei umständlichen Formulierungen verhaspelt, sollte den Text überarbeiten.

8   Musik in Fernsehbeiträgen

Musik kann verschiedene dramaturgische Funktionen übernehmen. Sie kann Zusammenhänge herstellen, Zeitsprünge deutlich machen oder fehlende Geräusche ersetzen: »Früher habe ich Musik sehr gerne verwendet«, sagt Hans-Dieter Grabe[101],

> »allerdings auch vorrangig, um aus der Not eine Tugend zu machen. Als ich anfing, gab es kaum synchrone Geräusche. Der Ton war der große Schwachpunkt. Oft fehlten Töne, oft waren sie falsch. Da griff ich dann häufig auf Musik zurück, die ich selber kannte, um sie dann anstelle der Geräusche einzusetzen.«

Diese Art des Musikeinsatzes im Film hält Grabe heute nicht mehr für gerechtfertigt:

> »Musik ist gerade für den Dokumentarfilm ein weitgehend fremdes Element. Musik kann ein Bild stark verändern. Sie ist ein Element, das die Stimmung des Zuschauers stark beeinträchtigt, das kommentiert, interpretiert.«

Der Einsatz von Musik in journalistischen Filmen hat immer zwei Seiten:

> »Durch Musik kann man fast immer eine neue Erlebnisebene zum Bild aufbauen. Musik kann in Spannung stehen zum Bild, sie kann alltägliche und eher langweilige Bilder spannender machen; sie kann aber ebenso gut eine Atmosphäre von Langeweile erzeugen. Musik entspricht nie einem allgemeinen Geschmack und trifft nicht jedermanns Vorliebe.«[102]

Nicht immer stimmt die Absicht, mit der der Autor Musik einsetzt mit der Wirkung überein, die beim Zuschauer ankommt. Al Tompkins macht das am Beispiel eines inhaftierten Mörders deutlich. Er hatte die Bilder des alten Mannes im Gefängnishof mit feinsinnigen Klavierklängen unterlegt.

> »My own mother, who was watching the news that night, called me to complain. ›Don't try to make me feel sorry for those convicts‹, she scolded me.

›He is a murderer und murderers should be in prison‹, she ranted. I realized that it was the music that added a tone of sympathy to the story that the words and pictures did not convey.«[103]

Und dennoch wird Musik gerne verwendet, beispielsweise um historische Zeitbezüge herzustellen. Vorsichtig eingesetzt, kann dies sinnvoll sein, allzu oft jedoch wird Musik als zu penetrant und als immer gleicher Lautteppich über die gesamte Länge des Filmes benutzt, das Cembalo etwa für den Barock oder das Klavier für die Goldenen Zwanzigerjahre.

Musik ist ohne Zweifel imstande, Atmosphären herzustellen. In Volker Schlöndorffs Kinofilm »Die Blechtrommel« etwa erklingt jedes Mal, wenn der kleine Oskar das Spielzeuggeschäft des jüdischen Händlers betritt, eine Spieldosenmusik. Hier fungiert die Musik als Leitmotiv. In den Klängen steckt atmosphärisch die Vielfalt all der Eindrücke von Oskar. Die Zauberwelt des Spielzeugs, die Enge des Ladens, der Staub, die Liebe des Händlers zu Oskars Mutter.[104] Schlöndorffs »Blechtrommel« ist jedoch ein Spielfilm. Die Frage ist, inwieweit der Einsatz von Musik bei den informativ ausgerichteten Fernsehgenres möglich ist, ohne dass der Sinn der Beiträge in eine falsche Richtung gelenkt wird. In Fernsehberichten muss Musik neben der ästhetischen Funktion häufig auch eine rhetorisch-informative erfüllen.

Musik kann die Funktion des Textes teilweise übernehmen, allerdings nur dann, wenn sie vorsichtig eingesetzt wird. In manchen Fällen kann Musik einen Text sogar ganz ersetzen. Ist ein Nachruf auf Rio Reiser anmoderiert worden und beginnt der Beitrag mit seinem bekanntesten Lied »König von Deutschland«, dann ist ein Text wie

»Der König von Deutschland« war sein größter Hit.

überflüssig. Häufig werden Zuschauer durch den Einsatz der Musik getäuscht. Mittelmäßige Bilder werden durch eine ausdrucksstarke Musik überhöht. Bedeutsamkeit wird vorgespielt, die das Bild allein nicht hat:

»In unserer massenkommunikativen Zeit haben alle Produkte den Charakter von Werbesendungen und müssen, um gegen andere Produktionen konkurrieren zu können, zunehmend effektvollere und in den Wirkungen schockhaftere Mittel einsetzen. Musik eignet sich dazu bestens.«[105]

Musik wird häufig einfach nur unterhaltend eingesetzt. »Natürlich schauen die Zuschauer eher hin, wenn eine Musik kommt, die Ihnen gefällt, auch wenn sie gar nicht passt«, sagt Grabe, »dadurch werden viele Fehler übertüncht. Es sind meist die minderwertigen Arbeiten, die glauben, sich dieses Effektes bedienen zu müssen.«

Gerade bei Beiträgen über Kunstausstellungen scheint Musik, die unter den Text gelegt wird, ein Muss. Oft ist sie unmotiviert ausgewählt und plätschert nur vor sich hin. Falls sich der Autor bei diesen Themen für eine Hintergrundmusik entscheidet, können dafür gute Gründe sprechen, denn normalerweise ist die Geräuschkulisse in einer Kunsthalle oder einem Museum nicht sehr anregend. Dann sollte er aber auch nach einer Musik suchen, die inhaltlich zum Thema passt und einen Bezug herstellt. Wird Musik in einem Beitrag als Stilmittel eingesetzt, hat sie eine dramaturgische Funktion. Deshalb sollte sie immer an mehreren Stellen eines Beitrages erscheinen. Der Zuschauer muss den roten Faden, den die Musik vorgibt, wiedererkennen können.

Vorsicht ist bei Liedern geboten, die anstelle des Textes stehen. Sie haben oft eigene Botschaften, die nicht immer gewollt sind. Häufig werden sie bei satirischen Beiträgen eingesetzt, um die Stimmung aufzulockern. Allerdings sind sie oft weit hergeholt, in vielen Fällen auch platt oder verbraucht. »Wer soll das bezahlen« etwa ziert häufig Stücke über das neueste »Maßnahmenpaket« des Finanzministers. Und wenn irgendwer irgendetwas gewonnen hat, dann ertönt nur allzu oft »We are the champions«.

9   Geräusche in Fernsehbeiträgen

Auch Geräusche können die Funktion eines Textes übernehmen. Gerade wenn Geräusche Symbolcharakter haben, sagen sie mehr aus als viele Worte. Dann wirkt ein Text häufig störend und ist meistens überflüssig. »Wenn ich einen Film über ein Gefängnis drehen müsste«, sagt Hans-Dieter Grabe, »würde ich während des gesamten Films viele Geräusche einsetzen. Das klirrende Schlüsselbund, Schritte auf dem Gang, das Öffnen einer Tür, das Knarren des Schlosses.« Wenn sie für sich sprechen, können Geräusche eine dominierende Rolle spielen. Der Zuschauer kann bekannte Geräusche und deren Aussage oder Wirkung problemlos einordnen. Bedrohung (Schritte, die einem folgen), Folter (das Knarren der Maschinen, Schreie) oder Einsamkeit (völlige Stille) etwa wären durch Geräusche oder deren Abwesenheit darstellbar. So werden Stimmungen deutlich. Zudem ist es möglich, durch Geräusche Dinge darzustellen, die der Betroffene nicht sieht oder nicht sehen kann. Ein Gefangener etwa hat einen eingeschränkten Blickwinkel. Deshalb nimmt er das Leben außerhalb seiner Zelle durch Geräusche wahr.

Auch ein Film über einen Blinden beispielsweise könnte einen hohen Anteil an offen stehenden Geräuschen haben. Das Geräusch seiner Schritte oder die Geräusche, die er produziert, wenn er etwas sucht und dabei etwas umstößt, hinterlassen beim Zuschauer eine viel stärkere Wirkung als ein noch so gefühlvoller Text. Auch ein Film über einen Marathonläufer könnte stark von Geräuschen geprägt sein. Der Atem des Sportlers, der gleichmäßige Rhythmus seiner Schritte oder das Ticken der Stoppuhr sagen sehr viel aus, ohne dass es im Text erwähnt werden müsste.

Gregor Alexander Heussen fasst die beiden wesentlichen Funktionen von Geräuschen im Film zusammen:

> »Sie erläutern rascher als jeder Text den Gesamtzusammenhang der Szene und des Bildes. Sie binden die Schnitte zu größeren Einheiten oder trennen sie in wirkliche Abschnitte.«[106]

Hinzu kommt das mithilfe von Geräuschen Verbindungen hergestellt werden können, die sich allein durch das Bild nicht transportieren lassen:

»Gerade ungewohnte Kompositionen von Geräusch und Bild ermöglichen Einsichten in zunächst abstrakte Zusammenhänge. Denn das Geräusch kann diejenigen Informationen zum Ganzen beisteuern, die dem
Augenschein verborgen bleiben. Eine ansonsten langweilige Fassade (z.b.
eines Ministeriums) wird lebendig durch Geräusche von Schreibma-
schinen.«[107]

In der Regel werden offen stehende Geräusche bei längeren Filmbeiträgen eingesetzt, bei kürzeren Nachrichtenbeiträgen werden sie häufig vernachlässigt. Der
Autor fühlt sich meist unter Zeitdruck und glaubt, mit offen stehenden Geräuschen wertvolle Zeit für seinen Text zu verschenken. Häufig bieten sich Geräusche
auch hier an, was ein Beitrag über Angehörige von Opfern des Falklandkrieges
belegt. Sie besuchen erstmals die Gräber ihrer Familien. Das erste Bild des Beitrages
zeigt ein weißes Kreuz. Ein Rosenkranz klappert gegen das Kreuz. Der Wind weht
stark. Dieses Geräusch ist zu Beginn des Beitrages mehrere Sekunden lang zu hören.
Erst dann setzt der Autor mit seinem Text ein:

> Es ist ein einsames Geräusch, dieses Klappern der Rosenkränze. Fünf-
> zehn Jahre lang schaben sie hier nun schon die Farbe von den Kreu-
> zen …

Häufig verschenken Autoren die Möglichkeit, Wirkungen zu erzielen, in dem
sie ausdrucksstarke Geräusche nicht offen stehen lassen. Ein Beispiel: Kurz vor
der Wende hatten sich viele DDR-Flüchtlinge in der deutschen Botschaft in
Ungarn versammelt. Als der damalige deutsche Außenminister ihnen die erlösende
Nachricht brachte, dass sie ausreisen dürften, brach ein unbeschreiblicher Jubel
aus. Der Autor textete zu diesen Bildern:

> Der Schrei von Budapest. Wildfremde Menschen liegen sich in den
> Armen …

Damit zerstört er die Wirkung der Geräusche und der Bilder.

10 Texten für verschiedene Fernsehgenres

Viele der Hinweise, die wir im Laufe des Buches gegeben haben, sind generell für alle Fernsehtexte sinnvoll. Allerdings gibt es Unterschiede beim Texten für die verschiedenen Genres. Deshalb befassen wir uns nun mit ihnen. Dabei gehen wir auf die Besonderheiten des Textens ein und zeigen im Anschluss Musterbeispiele für gelungene Texte.

10.1 Nachrichtenfilm

Die knappste Informationsvermittlung durch bewegte Bilder ist der Nachrichtenfilm (NiF). Er ist eine Bild-Kurzinformation und in der Regel zwischen 20 und 40 Sekunden lang. Der Nachrichtenfilm kann durch andere Elemente (Statement, Redeausschnitt, Interview) ergänzt und ausgebaut werden kann. Häufig bekommt der Redakteur über den internationalen Bildaustausch Bilder geliefert, aus denen er seinen Nachrichtenfilm herstellen muss. Dabei stößt er regelmäßig auf Schwierigkeiten. Wolf von Lojewski benennt diese Not:

> »Kaum noch ein Journalist ist in der Lage zu erkennen, nachzudenken, zu erklären, was das alles ist und was es bedeutet. Nach dem Ende des Krieges Aufstände im Irak, Rebellen schießen auf ein Bild des Diktators: Es sei im Süden, keiner weiß genau wo. Mal sitzt einer auf einem eroberten Panzer, mal schwingt eine Frau eine Maschinenpistole, mal fährt ein LKW durch die Gegend. Das alles beweist nicht viel, klärt wenig auf. Doch jedes Bild wird so schnell wie möglich gesendet.«[108]

Nicht nur wegen seiner geringen Länge und den Bildern aus zweiter Hand unterscheidet sich der Nachrichtenfilm von anderen Genres ganz erheblich. Er ist nach dem Lead-Satz-Prinzip aufgebaut: im ersten Satz die wichtigste Neuigkeit, danach die Einzelheiten. Der Lead-Satz soll den Kerngedanken, die Quintessenz einer Nachricht zusammenfassen und den inhaltlichen Rahmen abstecken. Das Wichtigste steht am Anfang. Mit abnehmender Bedeutung folgen dann die weiteren Informationen, die die näheren Umstände und die Einzelheiten einer Nachricht erklären.[109] Häufig fangen NiFs mit Schlagzeilen an. Der Nachrichtenfilm richtet sich nach den journalistischen W-Fragen (Wer?, Wo?, Was?, Warum?, Wann?, Wie?, Welche Quelle?), wobei es wegen der Kürze der Sendezeit nicht immer möglich ist, alle dieser Fragen in einer NiF zu beantworten. Mal ist das Wie vielleicht entbehrlich, mal ist der Hinweis auf die Quelle nicht notwendig. Der Text ist faktenbezogen und nüchtern.

Die typischen und oft stereotypen Formulierungen der Nachricht sind nicht immer die beste Lösung, weil sie häufig nicht sehr ansprechend sind. Manche Nachrichten lassen sich inhaltlich von einem weniger wesentlichen, dafür aber interessanteren Punkt her aufbrechen oder wenigstens stilistisch durch den Einleitungssatz auflockern:

In Nordirland will keine Ruhe einkehren. Erneut gab es Ausschreitungen, als Protestanten durch ein katholisches Wohnviertel in Portadown marschierten. Katholische Anwohner versuchten den Marsch zu verhindern – wieder gingen Autos in Flammen auf. Die Polizei hatte die Demonstration erlaubt, weil sie sich dadurch eine Entspannung der Lage erhofft hatte.

Hier bleibt die Funktion der Nachricht erhalten: die neue Information mit nachfolgenden Hintergründen und Einordnungen. Die aufgebrochene Form ist hörerfreundlich und so eine mögliche Alternative zu dem Beginn mit dem klassischen Lead-Satz oder der Schlagzeile

Zu schweren Ausschreitungen kam es wieder in Nordirland.

Möglich ist es auch, den ersten Satz als klassischen Lead-Satz mit der Neuigkeit zu formulieren und danach wie im Bericht zu erzählen.

Auf ein Problem, dass in der Praxis immer wieder vorkommt, weist Gregor Alexander Heussen hin. Nachrichtenfilme sind textlich komplett überfrachtet. Sie werden von der ersten bis zur letzten Sekunde »zugetextet«:

»Damit ein Nachrichtenfilm für Augen und Ohren ein Genuss wird, darf er nicht einfach als Text mit Bilderteppich durchlaufen. Er braucht Anfang Höhepunkt und Schluss und vor allem, er braucht, wenn auch wenige, textfreie Stellen …«[110]

Auch das Zusammenspiel von Text und Bild wird bei den NiFs häufig vernachlässigt. Nicht selten fungieren die Bilder nur als Teppich für den Text.

Beispiele für Nachrichtenfilme

Streik in Frankreich

In Frankreich hat ein eintägiger Streik der Eisenbahner den Zugverkehr lahmgelegt. Zu dem Ausstand sind etwa 180.000 Beschäftigte aufgerufen. Der Protest richtet sich gegen die geplante Bahnreform. Die französische Regierung will die staatliche Eisenbahn mit einem radikalen Sparkurs aus den roten Zahlen führen.

Anschlag in Pakistan

Bombenanschlag in Pakistan. Mindestens 19 Menschen kamen ums Leben. Mehr als 70 wurden verletzt, als der Sprengsatz vor einem Gerichtsgebäude in der Provinzstadt Lahore explodierte. Hinweise auf die Attentäter gibt es noch nicht. Die Behörden gehen von einem Anschlag radikaler schiitischer Moslems aus.

Straßenkämpfe in Südkorea

Straßenschlachten in Seoul. Im Streit um neue Arbeitsgesetze haben sich Polizei und Studenten wieder heftige Kämpfe geliefert. Die Gewerkschaften wollen ihre Aktionen jetzt einen Monat lang einschränken. Ein Sprecher erklärte, es drohe ein Generalstreik, falls die Regierung nicht innerhalb dieser Frist einlenke.

10.2 Bericht

Ein Bericht zeichnet sich nicht nur dadurch aus, dass er einen allgemein interessanten, aktuellen Sachverhalt mitteilt. Er unterliegt auch einem bestimmten formalen Aufbau. Ein Bericht in einer Nachrichtensendung ist zwischen einer und zwei Minuten lang. Bei einem Nachrichtenmagazin sind zwischen drei und vier Minuten möglich. Üblich ist folgender Aufbau: Das Ereignis nennen, den Hergang erläutern, das Resultat schildern, schließlich das Ereignis beurteilen.[111] Bei einem Bericht steht die Vertiefung der Fakten im Mittelpunkt. Ereignisse oder Sachverhalte werden von verschiedenen Seiten betrachtet. Ein Bericht kann

Aussagen oder Redeausschnitte enthalten. Bei einer Gesamtlänge von drei Minuten sollten sie nur in Ausnahmefällen länger als 30 Sekunden sein. Im Gegensatz zur Nachricht tritt der Autor durch seine »Handschrift« und die bildliche Gestaltung des Beitrages stärker hervor.

Der Text eines Berichtes orientiert sich an den Fakten. Informationen müssen vermittelt werden. Allerdings sollte der Autor nicht immer wie im Nachrichtenfilm nach dem Lead-Satz-Prinzip vorgehen. Die W-Fragen müssen nicht am Anfang abgehandelt werden, da Berichte sonst hölzern und trocken wirken können. Sie werden es nicht schaffen, den Zuschauer zu fesseln. Bei einem Bericht hat der Autor die Möglichkeit, nach einem textlich und bildlich interessanten Einstieg zu suchen. Ein Bericht über die Bürgermeisterwahl in Belgrad etwa beginnt mit der Naheinstellung des Gesichtes einer Wahrsagerin. Dazu heißt es im Text:

> Sie sagt, sie habe diesen Tag vorausgesehen. Die Küsse für den neuen Bürgermeister. Aber sie fürchte um Belgrads Zukunft. Sie sehe Gewalt und viele Probleme.

Dann zeigte der Bericht einen typischen Schwarzmarkt in Belgrad. Darauf folgt der Text:

> Probleme sehen die meisten Belgrader, da müssen sie nur aus dem Fenster schauen.

Hier gelingt es dem Autor, einen Bericht bildlich und textlich originell zu beginnen und dennoch dicht am Thema zu bleiben. Auch kulturelle Themen oder Porträts können Inhalte von Berichten sein. Das folgende Beispiel zeigt eine klare und originelle Sprache, Pointierungen der einzelnen Textpassagen und einen ansprechenden Schlusssatz. Er informiert, weckt das Interesse des Zuschauers und kommt dennoch ohne die typisch journalistischen Sprachformen aus.

Beispiel für einen Bericht

Porträt des Clowns Oleg Popov

Auf tritt der Meister selbst. Etwa 66 ist er, so genau weiß das keiner. Ungeschminkt witzig, seit drei Jahren frisch verliebt, seit über 50 Jahren Clown. Oleg Popov, Legende in der Manege.
(Frage:) Was ist lustig?
Da weiß er Antwort.

(Übersetzter O-Ton:) Dumme Fragen zum Beispiel.

Seine Muse, dreißig Jahre jünger. Gabriela aus Deutschland und mit dem Spaßvogel verheiratet. Sie war in den Moskauer Zirkus gekommen, um die Pferde zu bestaunen. Dann bestaunte sie den Clown und jetzt ist sie seine Frau. Seither ziehen sie gemeinsam durch die Welt. Ein kleines Zirkusmärchen. Das Geheimnis ihrer Ehe: Er macht Blödsinn und sie lacht. So was verbindet.

Bescheiden ist er geblieben – er lebt nicht auf großem Fuß. Der Mann schminkt sich selbst. Das ist Ehrensache. Unter dem Blick des großen Vorbilds entsteht die weltbekannte Clownfigur. Schweigsam, pfiffig, mit einem Schuss Melancholie.

Der Moskauer Staatszirkus hat schwere Zeiten hinter sich. Beim Sprung in die Marktwirtschaft geriet vieles durcheinander. Ansichten eines Clowns.

(O-Ton:) Ich denke, wir haben wenig zu lachen zurzeit. Ich sehe viel Bitterkeit am Ende dieses Jahrhunderts.

Stalinzeit, kalter Krieg, Zusammenbruch der Sowjetunion. Das alles überstand Popov in der Traumwelt des Zirkus. Frei schwebend, abgehoben vom Kummer der geteilten Welt, fast immer guter Laune. Er ist der letzte Meister seines Faches. Charlie Rivel und Grog der Clown sind längst endgültig hinterm Vorhang verschwunden. Nur Oleg Popov taucht immer wieder auf.

Er ist mehr als nur ein Spaßmacher. Er ist Jongleur, Seiltänzer und Märchenonkel. Alles wirkt locker und leicht und ist doch das Ergebnis harter Arbeit.

(O-Ton:) Ich denke, ich kann den Menschen ein bisschen gute Laune bringen. Das ist das beste Medikament gegen die überall anzutreffende Verbitterung auf dieser Welt.

So sind die kleinen, freundlichen Geschichten im Programm des Moskauer Zirkus auch immer ein Stück Lebensfreude. Ein Clown, sagt Popov, der alte Clown, geht nicht in Pension, man trägt ihn aus der Manege.

Oleg Popov ist mit seinem Zirkus noch bis Mitte März in Deutschland auf Tournee. Zu sehen ist ein Weltstar – oder einfach nur ein Mensch, der noch lachen kann.

10.3 Reportage

Eine Reportage soll mit einem Erdbeben anfangen und muss sich dann langsam steigern. So beschreiben Filmemacher das Wesen der Reportage immer wieder gern. Reportagen sind immer Erlebnisberichte. Der Autor lässt sich auf ein Ereignis ein, das er als Augenzeuge beobachtet und dessen Entwicklung er begleitet. Er erzählt eine Geschichte anhand eines oder mehrerer Protagonisten – das kann eine Person oder eine Gruppe sein. Dabei soll der Zuschauer das Gefühl bekommen, dass er diese Geschichte miterlebt. Was aber macht eine Geschichte aus, die eine Reportage trägt? Wichtig ist, dass die handelnden Personen sich in ein Spannungsfeld zwischen einer Absicht und einer Handlung begeben. Spannend wird eine Geschichte dann, wenn der Protagonist beim Versuch, die Handlung durchzuführen, gestört wird, beispielsweise durch einen Konflikt, eine Kontroverse oder ein Hindernis. Der Protagonist muss nun besondere Anstrengungen unternehmen, um sein Ziel doch noch zu erreichen.[112] Auf diese dramaturgisch wichtigen Elemente sollte der Autor einer Reportage achten. Sie werden ihm später das Texten des Filmes erleichtern.

»Der Reporter«, sagte Siegfried Kracauer einmal, »schöpft mit einem löchrigen Eimer aus dem Kelch des Lebens.« Die Dramaturgie einer Reportage ist durchaus vergleichbar mit der eines Spielfilms. Personen und Ereignisse werden eingeführt. Entwicklungen spielen sich ab, die sich im Laufe der Reportage auflösen. Dabei geht der Autor häufig linear und chronologisch vor. Aber auch ein paralleles Erzählen auf zwei verschiedenen zeitlichen Ebenen ist denkbar. Die Reportage ist analytisch nicht sehr tiefgreifend. Sie geht emotional an ein Thema heran. Es ist wichtig, dass der Autor sich vor Drehbeginn darüber im Klaren ist, was er herausfinden will und was dem Zuschauer gezeigt werden soll. »Bei meinen Recherchen«, erklärt Ursula Schiecher[113],

> »treibe ich mich vorher am Drehort herum, schaue mal in der Dorfkneipe vorbei und quatsche mit den Leuten. Daraus entwickeln sich dann später im Film meist die interessantesten Aspekte.«

Nur ein roter Faden sollte erkennbar bleiben. Ansonsten lässt sich der Autor von den Ereignissen lenken, die sein Protagonist erlebt. Das Erlebte bestimmt die Reportage: Das gibt ihr einen hohen Grad von Authentizität. Auf Inszenierungen sollte deshalb verzichtet werden. Allerdings bewegt sich der Reporter immer auf einem schmalen Grat. Häufig gibt es einen Widerspruch zwischen dem, was objektiv geschehen ist, und dem, was der Reporter subjektiv erlebt und dann durch seine Reportage mitteilt. Es ist wichtig, dass es dem Autor gelingt, die Nähe zu den handelnden Personen herzustellen und Distanzen zwischen den Protagonisten oder den Drehorten und dem Zuschauer zu überwinden. Er ist immer als Augenzeuge dabei.

Die Kamera ist stets ganz dicht bei den Protagonisten des Filmes. Sie ordnet sich dem Geschehen unter. Meist kommt der Kameramann ohne Stativ aus. Für ihn gilt es, schnell und beweglich zu sein, damit er spontan reagieren kann. Ein Storyboard oder gar ein Drehbuch sind bei einer Reportage nicht ratsam. »Ein Storyboard«, sagt Jens Monath[114], »widerspricht der klassischen Reportage, bei der man losgeht, um etwas zu erleben. Storyboard und Reportage, das ist der größte Gegensatz, den man sich vorstellen kann.«

Eine Reportage wird fast immer erst komplett geschnitten, dann denkt der Autor über den Text nach. Allenfalls kurze Notizen über einzelne inhaltliche Passagen sind während des Rohschnitts ratsam. Niemals sollte eine Reportage vom Text überladen sein. Bilder erklären sich oft selbst. Gerade bei der Reportage sollte der Autor viel Vertrauen in seine Bilder haben. »Die Bilder fordern ihr Recht«, weiß Bodo Witzke,

> »das bedeutet, dass man manchmal auch auf wichtigen Text verzichten muss, obwohl das für viele Autoren ein sehr anrüchiger Gedanke ist. Besser ist es auf jeden Fall, weil sonst der Rhythmus der Reportage gestört und damit das Gesamtprodukt geschwächt würde.«

Einfach und sparsam soll der Text für eine Reportage sein. Da sind sich die Autoren von Reportagen weitgehend einig. Auch Bodo Witzke und Ulli Rothaus warnen vor zu viel Textelementen in diesem Genre:

> »So manche Reportage ächzt geradezu unter der chronischen Info-Last, die ihr aufgeladen wurde. Denn viele Autoren halten sich beim Texten vorsichtshalber an die alte Hausapotheken-Weisheit: Viel hilft viel … Da kommen ihre Sendungen fast schon reflexhaft übertextet daher. Dabei will der Zuschauer gar nicht alles auf einmal erklärt bekommen – sonst wird es zu schnell langweilig.«[115]

Martin Weiss und Thomas Morawski weisen darauf hin, dass die Bilder und der Schnitt die Reportage tragen und deshalb für den Text eigene Regeln gelten:

> »Ein Reportage-Manuskript sollte ohne den Film unverständlich sein! Umgekehrt: Ein Reportage-Manuskript, das man lesen kann wie ein Buch, lässt auf eine schlechte, unspannende, unemotionale Reportage schließen.«[116]

Laut Bodo Witzke und Ulli Rothaus spielt eine Reportage fast immer in der Gegenwart.[117] Der Autor weiß nie mehr als der Zuschauer. Deshalb gilt für eine Reportage in der Regel das Präsens.

Das Texten zu einer Reportage ist ein langwieriger Prozess. »Manchmal grüble ich eine Nacht über einem einzigen Satz, bevor ich ihn dann verwende«, räumt Ulli Rothaus ein[118], »oft habe ich die besten Ideen, wenn ich zwei Stunden in der Badewanne sitze.« Der Autor sollte im Text keine Rückschlüsse ziehen, die nicht an die Bilder gekoppelt sind. Dann wäre der Erlebnischarakter der Reportage gestört. Der Text muss den Zuschauer mitnehmen. Er schildert einen Prozess. Deshalb ist es durchaus üblich und manchmal auch notwendig, zeitliche Übergänge anzusprechen, etwa mit »am nächsten Morgen« oder »heute Nachmittag«. Diese sind zwar für die Kernaussage der Reportage nicht erforderlich, vermitteln dem Zuschauer aber das Gefühl, dabei zu sein. Auch Ortswechsel sollten dementsprechend im Text erwähnt werden:

Nur wenige Kilometer entfernt, Alarm für ein Löschfahrzeug ...

»Ganz wichtig ist«, sagt Witzke,

> »dass sich der Autor mit seinem Text dem Zuschauer langsam annähert. Der Autor sollte nicht gleich am Anfang sein gesamtes Wissen ablegen. Wenn ich gleich am Anfang erkläre, wo ich bin, wer der Typ im Bild ist, was der gerade macht und wie teuer das Ganze ist, kann ich die Reportage nicht mehr aufbauen. Besser ist es, die Reportage mit den Informationen Stück für Stück zu steigern.«

Wie der Text schließlich formuliert wird, hängt sehr stark vom Autor ab. Die einen bevorzugen einen relativ bündigen Stil, der durch unvollständige Sätze und das Weglassen von Verben gekennzeichnet ist. Das wirkt plastisch und konkret – wenn es nicht in den dogmatischen Schlagzeilenstil ausartet. Diese Art des Textens hat den Vorteil, dass das Bild dominiert. Der Text übernimmt einen unterstützenden Part und lenkt in der Regel nicht vom Bild ab. Aus diesen Gründen scheint uns gerade in der Reportage diese Art des Textens sehr geeignet zu sein.

Allerdings gibt es auch Autoren, die vollständige Sätze bevorzugen und mit mehreren sprachlichen Verknüpfungen arbeiten. Sie benutzen gelegentlich anschauliche Adjektive, um der Reportage eine besondere Stimmung zu verleihen. Auch diese Reportagen können sehr gelungen und ansprechend getextet sein. Eine endgültige Regel gibt es nicht. In jedem Fall empfiehlt es sich, innerhalb einer Reportage nicht zwischen den unterschiedlichen Formen erzählenden Textens zu wechseln.

Um unterschiedliche Reportagestile deutlich zu machen, sind im Folgenden zwei Textauszüge aus verschiedenen Filmen dokumentiert. Beide Beispiele sind kurz und prägnant getextet, haben aber einen unterschiedlichen Duktus.

Beispiele für Reportagen

Feuerwehr

Berlin, Prenzlauer Berg. Ein Altbau, ausgebrannt. Hat der Feuerteufel wieder zugeschlagen?
Das Treppenhaus, zerstört. Wieder Brandstiftung. Wie so oft in letzter Zeit. Uwe Paetow, der Einsatzleiter, kennt das. Die Kollegen nennen ihn schon den Feuerfresser. Immer mitten drin im Geschehen ist Paetow, seit fast vierzig Jahren bei der Berliner Feuerwehr. Der Brandstifter hält ihn und seine Leute auf Trab. Und immer die Sorge: Ist jemand vom Feuer überrascht worden?
Angezündetes Gerümpel im Treppenhaus, die Handschrift des Feuerteufels ist bekannt. Doch bislang ist er immer unerkannt verschwunden. Diesmal endlich eine Spur, unter dem Dach hat doch jemand übernachtet.
Ein Obdachloser oder doch der Täter? Für die Kripo fängt die Arbeit jetzt an. Für Einsatzleiter Paetow geht eine lange Nacht zu Ende.

Führerschein weg!

Zwei Augen des Gesetzes – Zivilfahnder.
Damals, dreiundneunzig im Dezember, haben sie ihn geschnappt. Er kam vom Schnaitl-Wirt in Wang, Kreis Freising. Damals war es fast wie heute. Aber nur fast.
Der Johann König beim Schafkopfen, seine drei Freunde dabei – so war's. Ein großes Wasser vor ihm – so war's nicht. Das Wassertrinken begann erst, als der Lappen weg war.
Handwerker, Bauarbeiter, Vertreter und Wirte. Da gibt es die meisten Führerscheinverlierer und die höchsten Promillewerte. Alles Männer. Frauen trinken anders. Oft hinter zugezogenen Gardinen. Oder nach dem Ehekrach bei der Freundin. Herz ausgeschüttet, Sekt reingeschüttet, Bordstein angefahren – oder so ähnlich.
König fährt einmal im Monat zu seinem Arzt. Die Leberwerte müssen stimmen. Sonst klappt's nie mit dem Gutachten. Von Leberwerten hat man ihm erst was gesagt, als die Strafe des Gerichtes abgelaufen war – wertvolle Zeit

ist verstrichen. Er trinkt doch nichts mehr – da ist er eisern. Hat schon lange Normalwerte.

Wie's bei ihm weitergeht? Weiter mit dem Bus fahren, psychologische Beratung, ab sofort in Einzelstunden. An die zehntausend Euro hat alles schon gekostet. Dann wieder der Test. Hoffen und warten. Und donnerstags beim Schafkopfen – Wasser trinken.

10.4 Dokumentation

Anders als eine Reportage kann eine Dokumentation vom Schreibtisch aus geplant und recherchiert werden. Vor den Dreharbeiten entsteht der Film zu einem guten Teil schon im Kopf des Autors. Die Dokumentation beschreibt anhand von Zeugnissen, was ist oder was war. Es gibt Langzeit-, historische und zeitgeschichtliche Dokumentationen. Ausgangspunkt ist die Beobachtung des darzustellenden Objekts; ein Zustand wird analysiert.[119] Der Zuschauer soll einen fundierten Überblick über ein spezielles Thema erhalten. Die Dokumentation kann an mehreren Orten spielen. Sie braucht im Gegensatz zur Reportage keine Protagonisten. Meist werden bei einer Dokumentation längere, ruhigere Einstellungen benutzt. Für subjektive Einordnungen des Autors ist hier eher weniger Platz:

> »Der Dokumentationsjournalist soll nicht einfach eine Meinung haben, er soll sie sich erarbeiten. Die Informationsvermittlung steht im Vordergrund oder, wenn man es lieber so will, der Versuch, den Zuschauer von einer nachvollziehbaren Position mit schlagkräftigen Beispielen und Argumenten zu überzeugen.«[120]

Der Autor übernimmt die Rolle des neutralen Beobachters, der sich außerhalb des Geschehens befindet. Die Dokumentation hat häufig eine Länge von 45 Minuten, seltener von 30, 60 oder 90. Der Soziologe und Medienwissenschaftler Alphons Silbermann beschreibt die Dokumentation

> »als einen auf Realität beruhenden Filmtyp ohne Schauspieler und Spielhandlung, als Tatsachenfilm, der in erster Linie bezweckt, in relativ ungezwungener und müheloser Weise zu informieren und zu belehren.«[121]

Die Dokumentation soll die Welt zeigen, wie sie ist, oder ehrlicher gesagt, wie sie zu sein scheint. Entscheidend sind die optischen Dokumente und die O-Töne von Zeitzeugen. Oft wird jedoch das Bild nach dem Text gestaltet. Die Folge ist die Produktion eines bebilderten Manuskriptes. Überflüssige Bilder müssen ganze Abschnitte des Textes überbrücken, zu denen keine in direktem Zusammenhang stehenden oder nur entfernt passenden Aufnahmen aufzutreiben waren. »Früher spielte der Text bei einer Dokumentation die entscheidende Rolle«, erinnert sich Grabe,

> »er war wichtiger als der Aufbau des Filmes, denn mit dem Text konnte man alle Unvollkommenheiten ausgleichen, die sich bei den Dreharbeiten eingeschlichen hatten. Überall, wo es nicht passte, konnte man wenigstens die Illusion aufrechterhalten, dass es passt. Man schmiert Dinge zusammen, die eigentlich gar nicht zusammengehören. Das geht zwar nicht richtig, aber man kann sich einbilden, dass es geht.«

Inzwischen kommt Grabe bei seinen Filmen häufig sogar ohne Text aus:

> »Heute würde ich sagen, man sollte zuerst mal überlegen, wie könnte ein Film aussehen, wenn ich keinen Text mache? Nur so kann man den optimalen Aufbau für den Film finden. Wenn man dann merkt, es gibt Stellen, wo ein Text sinnvoll ist und dem Zuschauer hilft, dann sollte man ihn einsetzen.«

Eine Dokumentation kann also durchaus mit wenig Text auskommen. Bilder und O-Töne sollten dominieren. »Wenn der Zuschauer nur durch die Bilder den Inhalt verstehen kann«, klärt Grabe auf,

> »ist er dem Film durch sein eigenes Bemerken und Nachdenken näher gekommen, als wenn der Autor ihm diese Aufgabe mit einem Text abnimmt. Die Frage ist dann: Wie schafft es der Autor, das erwachte Interesse des Zuschauers durch seinen Text weiter anzuregen und nicht abzutöten?«

Über die Funktion des Textes in einem dokumentarischen Film gehen die Meinungen der Autoren auseinander. Einige glauben an die Macht des Wortes, für andere ist es ein Glücksfall, wenn ein Film ohne viele Worte auskommt. »Der Zuschauer kann Bilder hinter den Bildern entdecken, wenn er nicht durch einen Text abgelenkt wird«, sagt Grabe und fährt fort:

> »Er hat die Möglichkeit sich Gedanken zu machen, wenn ihm lange Passagen unkommentiert präsentiert werden. Dann läuft vielleicht im Kopf des Zuschauers ein zweiter Film ab.«

Das Gegenteil ist der Fall, wenn der Autor einer Dokumentation seinen Film mit Fakten überfrachtet. Gerade nach langen Recherchen ist die Gefahr groß, dass von allem zu viel in einen Film reingestopft wird und darunter das Verständnis leidet:

> »Manche Kritik, die das Feature getroffen hat, ist auch der Dokumentation nicht erspart geblieben: Wortlastigkeit, Beliebigkeit der Bilder, das Verbreiten vorgefasster Meinungen.«[122]

Auf eine versteckte Gefahr beim Texten für eine Dokumentation weist Thomas Schadt hin:

> »Bis zuletzt bemühe ich mich dabei, überflüssige Formulierungen zu streichen. Durch zu viele, falsche, unbedacht gewählte oder kommentierende Worte kann die inhaltliche Balance eines Filmes empfindlich gestört werden. Oft entsteht zu guter Letzt noch der schulmeisterliche Ton oder moralische Zeigefinger, der nie beabsichtigt war …«[123]

Beispiel für eine Dokumentation

Lazarettschiff Helgoland in Vietnam

Da Nang.
Einst ein idyllisches Kolonialstädtchen in Südvietnam. Jetzt eine Festung. Stützpunkt der amerikanischen und südvietnamesischen Armee. Angriffsziel für die Streitkräfte der Vietcong.
Flüchtlingslager. Wartesaal für Angeschossene und Sterbende.
Hier liegt das deutsche Hospitalschiff »Helgoland«.
Bootsmanöver.
Regelmäßig proben die Helfer vom Roten Kreuz den Katastrophenfall. Wenn es ernst wird, sollen sie in der Lage sein, sich und die Patienten zu retten.
Ein junger Mann, 17 Jahre. Opfer einer Minenexplosion. Die Splitter sind durch den Rücken in Darm und Nieren gedrungen.
Er wird sofort geröntgt und anschließend operiert. Er hat Glück: Die Verletzungen sind nur zwei Stunden alt.
Schon 14 Tage später kann der Mann entlassen werden.
In einem Krankensaal wartet die Tochter.
Das Herz versagt. Wiederbelebungsversuche bleiben erfolglos. Die Frau hinterlässt fünf Kinder.

Die Tochter erfährt den Tod ihrer Mutter. Sie soll über Nacht auf dem Schiff bleiben. Morgen wird man sie zu einer Tante bringen.

Und wieder Besuchszeit.

Der Junge, der durch eine Minenexplosion blind geworden ist, befürchtet, dass seine Schwester nicht kommt. Die Schwester ist doch noch gekommen. Sie hat ihm Kuchen mitgebracht.

Der Junge wird weiterleben. Bis ihn der Krieg zum zweiten Mal erwischt. Bis dahin wird er weiterleben. Weiterleben müssen. Geschenk oder Strafe?

Die hier sein Leben gerettet haben, denken nicht darüber nach. Keine Zeit.

Das Fließband, das ihnen die Verstümmelten auf die Operationstische wirft, steht nicht still.

Auch wenn w i r diesen Krieg zu vergessen beginnen. Auch wenn w i r – wenn überhaupt – auf den letzten Seiten unserer Zeitung beiläufig lesen: »Nur leichte Kämpfe im Raum Da Nang.«

10.5 Feature

Der Begriff »Feature« bedeutete in seinem ursprünglichen Sinn etwas, das als besondere Attraktion angeboten wird.[124] Da liegt es nahe, dass in Zeiten des harten Konkurrenzkampfes zwischen Privatfernsehen und öffentlich-rechtlichen Anstalten allmählich fast alles, was dort an Beiträgen über den Bildschirm flackert, in irgendeiner Weise zum Feature wurde. Schließlich hat ja jeder Sender nur »besondere Attraktionen« für seine Zuschauer zu bieten. Inzwischen hat sich der Begriff verselbständigt. Dieses Thema müssen wir »featuren«, entfährt es hin und wieder dem ein oder anderen Kollegen. Jeder kennt den Begriff, keiner weiß so recht, was damit eigentlich gemeint ist. Und dennoch soll immer wieder »gefeaturet« werden.

Was also ist ein Fernsehfeature? »Ein Mädchen für alles« vielleicht, wie es Peter Leonhard Braun einmal beschrieb, »brauchbar für jede wortproduzierende Abteilung und deswegen meist ohne Zugehörigkeit. Der Zigeuner, der Ewige Jude, das Rumpelstilzchen.«[125] Und er fügte hinzu: »Das ist die Form, von der man am wenigsten weiß.«

Kein Zweifel, am Feature scheiden sich die Geister. Manche sagen, das Feature sei fast immer ein Hintergrundbericht. Nur in ganz seltenen Fällen eine tagesaktuelle Story.[126] Der Duden schreibt, ein Feature sei ein aus Reportagen, Kommentaren und Dialogen zusammengesetzter Bericht. Auf alle Fälle ist das Feature eine Mischung aus verschiedenen Genres, und prinzipiell ist jedes Thema denkbar. Es kann sowohl formale Elemente der Reportage als auch der Dokumentation oder des Berichts enthalten. Eine strenge Chronologie ist nicht erforderlich. Mehrere Schauplätze können beliebig miteinander vermischt werden. Dabei ist die Vorgehensweise des Autors entscheidend. Er verknüpft die verschiedenen Handlungsebenen. Damit bestimmt er, wie dem Zuschauer die »Wirklichkeit« präsentiert wird. »Das Miterleben des Autors ist nicht das Ziel, und Ereignisse werden nicht vergegenwärtigt – es werden keine Geschichten erzählt«, so Bodo Witzke.

»Es geht dem Feature nicht um das Konkrete, Individuelle, sondern um allgemeine Schlussfolgerungen. Das Feature kann Reportageelemente benutzen, um Thesen zu belegen.«

Auf jeden Fall ist das Feature damit subjektiver als eine Dokumentation.

Kennzeichen des Features ist ein ständiger Wechsel zwischen Schilderung und Schlussfolgerung. Häufig wird als wesentliches Merkmal genannt, dass das Feature an einem Beispiel Allgemeingültiges aufzeigt. Vor allem Spannungsbögen sollten beim Feature sorgfältig aufgebaut werden.

Die Sprache des Featureautors ist in der Regel feuilletonistischer als die der Dokumentation. Sie unterscheidet sich von der aktuellen Berichterstattungssprache dadurch, dass die Texte subjektiver und wertender sind. Ein Wechsel zwischen den Stilarten der einzelnen Genres ist möglich. Wesentliche Bedeutung kommt der Bildsprache zu. Der Text kann die Bildinhalte erläutern und den Spannungsbogen stützen. Ganz falsch wäre es, zunächst einen Text zu schreiben und ihn anschließend zu bebildern.

Gerade wegen seiner Formenvielfalt wird das Feature häufig kritisiert. »Im flotten Wechsel der Schnitte verschwand die Aussage. Die Notwendigkeit, Inhalte gedanklich zu durchdringen, wurde mit routinierter Virtuosität überdeckt«, führt Bodo Witzke aus. »Der Versuch, abstrakte Inhalte fernsehgerecht aufzumotzen, führte häufig dazu, dass das ›Verfietschern‹ wichtiger als der Inhalt wurde.« Noch drastischer drückt es der Dokumentarfilmer Harun Farocki aus:

»Feature bezeichnet eine bestimmte Art, Bild- und Toninformationen zu verwursten; mit einem Minimum an Informationstiefe ein Sujet zu vermarkten; mit einem Schwall von Halbheiten lieblos aufgenommener Bilder zuzudecken … die meisten Features sind so gemacht, dass man sie sich nicht merken kann.«[127]

Der Begriff des Fernsehfeatures wird in der Praxis sehr schwammig verwendet. Wir halten ihn deshalb für fragwürdig. Er scheint für alles und irgendwie auch nichts zu stehen. Falls Ihr Chef Sie eines Tages darum bittet, ein Feature zu produzieren, seien Sie gewarnt. Fragen Sie lieber nach, was er darunter versteht. Seine Auffassung könnte sich von Ihrer erheblich unterscheiden.

Als Beispiel dient ein Feature zum Thema »Minenopfer«, das Reportageelemente, gestellte Szenen, Grafiken und dokumentarische Teile enthält. Das verdeutlichen die Textauszüge. Das Feature wurde von drei Autoren erstellt und spielt an verschiedenen Schauplätzen.

Beispiele für ein Feature

(Reportagestil)

Den Krieg in Kambodscha überlebte er unversehrt. Der Frieden erst machte ihn zum Krüppel. Kjo wollte in der Nähe seines Dorfes nur Brennholz sammeln. Eine Mine riss ihm ein Bein ab. Behindert zu sein und arm dazu ist ein furchtbares Schicksal. Aber schlimmer noch, sagt Kjo, ist die Ächtung durch die Mitmenschen. Für sie hat er durch die Verstümmelung einen Teil seiner Seele verloren, gilt nicht als Opfer, sondern als von den Göttern Bestrafter.

(Dokumentarischer Stil)

Die französische Hilfsorganisation »Ärzte ohne Grenzen« betreibt in Phnom Penh ein Hospital. Jeden Monat wächst das Heer der Invaliden um 300 Menschen. Schätzungsweise 40.000 Männer, Frauen und Kinder wurden verstümmelt. Kein Land auf der Welt verzeichnet, gemessen an der Gesamtbevölkerung, einen so hohen Teil an Behinderten wie Kambodscha.

(Dokumentarischer Stil auf Grafiken)

Kambodscha, Afghanistan, Kurdistan, Somalia, Mosambik. Nur einige von 60 Ländern weltweit, die von Minen verseucht sind. Alle 15 Minuten tritt irgendwo in diesen Ländern ein Mensch auf eine Mine.

(Dokumentarische Rückblende)

Sind diese Firmen wirklich Experten in der Minenräumung? Beispiel: Royal Ordnance. Erst vor kurzem hat die Firma das Entminungsgeschäft entdeckt. Dank eines 90-Millionen-Dollar-Auftrages aus Kuwait. Aber der Einstieg endete mit einem Desaster. Mindestens acht Menschen kamen bei den Räumarbeiten um, acht weitere wurden schwer verletzt.

(Reportagestil)

Allein wollen diese Männer die Verantwortung nicht übernehmen. Sie bitten Allah um Beistand in ihrem Kampf gegen die Saat des Teufels. So stärken sie sich in Afghanistan gegen den bösartigen, unsichtbaren Feind. Hunderttausende von Minen allein in der Gegend um Dschalalabad. Die Hinterlassenschaft des Kriegs gegen die ehemalige Sowjetunion.

10.6 Trailer

Trailer sind Ankündigungsfilme, die auf spätere Sendeinhalte und -zeitpunkte aufmerksam machen. Sie sind selten länger als 20 Sekunden. Der englische Ausdruck »to trail« lässt sich hier mit »ziehen« übersetzen. Trailer sind reine Werbemaßnahmen: Sie sollen den Zuschauer überzeugen, sich eine bestimmte Sendung anzusehen.

Trailer können

• ausgewählte Inhalte ansprechen,
• eine Geschichte chronologisch zu fassen versuchen und
• ästhetische Highlights aus der Geschichte anordnen.

Trailer müssen mehr als nur »informativ« sein. Hier ist Formulierkunst erlaubt und gefragt. Die bloße Ankündigung weckt kein Interesse wie folgendes Beispiel zeigt:

Heute Abend in Kennwort Kino: Wir berichten über die Tage des unabhängigen Films, den rumänischen Film »Le Chene – Baum der Hoffnung«, über Michelle Pfeiffer in ihrem neuen Film »Love Field« ...

und so weiter. Es war ein Satz mit 53 (!) Wörtern, der da werben sollte. Dies ist in keiner Weise fesselnd oder originell.

Gerade bei Trailern ist die hohe Kunst des Wortspiels gefragt. Ein Beispiel aus einer Sportsendung:

> Die in der Krise stecken: Der 1. FC Köln bei Werder Bremen. Die schon den Herbst meistern: Dortmund gegen Hoffenheim. Freitag, 22 Uhr 25 auf …

Für einen Trailer sind aussagekräftige Bilder wichtig, die für den Film oder die Serie charakteristisch und werbewirksam sind. Häufig sind es die spektakulärsten Bilder. Dann besteht allerdings die Gefahr, dass sie einen Eindruck vermitteln, der später nur bedingt eingelöst werden kann. Dann würde der Zuschauer nur überredet und fühlt sich vielleicht später getäuscht. Das gilt auch für den Text. Übertreibungen wie: »Die ultimative Talkshow am Nachmittag« sind nicht glaubwürdig.

Trailer leben von präzisen, einprägsamen Bildern, die »ziehen« – und aus Worten, die »einschlagen«. Text und Bild müssen auf die Sekunde genau passen – beide müssen in sehr kurzer Zeit Hand in Hand arbeiten. Ein genaues Rhythmusgefühl ist hier unabdingbar. Sätze im Trailer dürfen nie mit Informationen vollgepackt sein. Zudem müssen sie leicht und überzeugend sprechbar sein. Trailertexte bestehen deshalb häufig aus Schlagworten oder kurzen Wendungen, die in Sekunden das Geschehen einordnen und gleichzeitig Spannung vermitteln. Schon der Einstieg muss ein interessantes Szenario zeigen, etwas Besonderes bieten. Der Rest muss Schlag auf Schlag gehen. Der Idealfall: Ein rhythmischer Wechsel von Bild- und Textargumenten. Der Trailer pointiert wie kein zweites Text-Bild-Produkt.

Der Schritt für Schritt entstehende Aha-Effekt beim Zuschauer gipfelt besonders beim Trailer im Schluss: Er braucht die wirkungsvolle Pointe. Dabei sind alle Stilmittel recht, die wirkungsvoll zuspitzen – wenn sie glaubwürdig sind. Die Dramaturgie des Trailers ist das rhetorische Prinzip in Reinkultur: interessant einsteigen und zum Ende hin aufbauen. Das wird auch im folgenden Trailer deutlich, der fast ohne Sprechertext auskommt:

Beispiel für einen Trailer

Schrift	Bild	Originalton
»Das Angebot«	ein Cowboy, dann Clint Eastwood	Wie wär's damit: zwei ganz üble Cowboys umlegen? Für 'n Gemetzel an 'ner Lady.
	misshandelte Frau	Es gibt tausend Dollar Belohnung
»Die Zweifel«	Clint Eastwood schießt auf Blechbüchsen, Kinder in der Nähe, Clint Eastwood sichert seinen Revolver	(ein Schuss) Hat Pa früher viele Leute erschossen?
»Der Entschluss«	Clint Eastwood und ein weiterer Mann	Ich tu's, weil ich Geld brauche.

Dann folgt der einzige Sprechertext:

> Keiner kann aus seiner Haut. Clint Eastwood: Erbarmungslos!
> »Erbarmungslos«
> Sa., 22 Uhr, auf …

Die Ausschnitte aus den Dialogen des Films tragen die Dramaturgie des Trailers. Er hat drei Ebenen: 1. Die eingeblendete Schriftgrafiken (Das Angebot, die Zweifel, der Entschluss), 2. die Chronologie der Filmausschnitte und 3. die Pointierung durch den Schlusssatz

> Keiner kann aus seiner Haut. Clint Eastwood: Erbarmungslos!

Leise, feine Geräusche wie Trommeln, das Sichern und Entsichern des Revolvers steigern die Spannung. Es ist nur der Originalton zu hören, der leicht heruntergefahren wird, wenn die jeweilige Schriftgrafik eingeblendet wird. Ein fließender Rhythmus zeichnet den Trailer aus. Wie bei einem langsamen Tanz wechseln

Schriftzug, Bild und O-Ton einander ab. Gerade so, als »antworte« die eine Ebene auf die jeweils andere.

Der Trailer beginnt mit einem Revolverlauf. Dazu baut das Klicken des Entsicherns Spannung auf. Der Zuschauer spürt, dass »etwas in der Luft liegt«. Dann folgt die erste Schriftgrafik »Das Angebot«. Es gibt ein Angebot für einen Revolverhelden. Das wird durch das Zusammenspiel von Schriftgrafik, Bildern von Eastwood, dem Cowboy und der Lady sowie dem Dialog aus dem Film deutlich:

> Wie wär's damit: zwei ganz üble Cowboys umlegen? Für 'n Gemetzel an 'ner Lady. Es gibt tausend Dollar Belohnung.

In zwei kurzen Sätzen erfährt der Zuschauer, worum es geht. Er ist mitten drin in der Geschichte. Er kennt jetzt die Gründe, warum der Revolverheld bald losschlagen könnte. Der Trailer macht den Zuschauer neugierig. Wie geht die Geschichte wohl weiter?

Es fällt ein Schuss. Die Spannung wird weiter aufgebaut. Dann folgt die nächste Schriftgrafik »Die Zweifel«. Eastwood schießt auf Blechbüchsen. Kinder sind in seiner Nähe. Jetzt merkt der Zuschauer, dass es sich hier nicht um einen »normalen« Revolverhelden handelt, wie man ihn aus zahlreichen Western kennt. Dieser Revolverheld hat Kinder und er hat Zweifel, was für Männer seines Schlages sehr ungewöhnlich ist. Dazu folgt die Frage des kleinen Jungen:

> Hat Pa früher viele Leute erschossen?

Auch hier bekommt der Zuschauer wieder viele Informationen innerhalb weniger Sekunden geliefert, die ihn neugierig machen und gleichzeitig außergewöhnliche Aspekte dieses speziellen Filmes aufzeigen. Offenbar kann der Zuschauer hier mehr erwarten als in den üblichen Western, die er schon oft gesehen hat. Die Spannung bleibt weiter erhalten. Was wichtig ist: Diese Neuigkeiten ergänzen sich im Zusammenspiel von Bild, Schriftgrafik und O-Ton so passend, dass der Zuschauer trotz der Fülle an Informationen nicht überfordert wird.

Nach der dritten und letzten Schriftgrafik »Der Entschluss« ist wieder Clint Eastwood im Bild zu sehen. Dazu ein weiterer Mann. Der Zuschauer spürt: Der Revolverheld wird zur Tat schreiten – trotz seiner Zweifel. Der Satz

> Ich tu's, weil ich Geld brauche.

bestätigt den Zuschauer in seiner Vorahnung. Ein innerlich hin- und hergerissener Mann macht sich auf den Weg. Das verspricht Spannung pur und jede Menge Überraschungen. Erst recht, wenn dann noch der Schlusssatz folgt

Keiner kann aus seiner Haut. Clint Eastwood: Erbarmungslos!

Der Trailer baut Spannung auf und weckt Neugierde. Allerdings gibt er nur die inhaltlichen Hinweise, die der Zuschauer braucht, um sich in die Geschichte hineinzuversetzen. Auf den Ausgang des Filmes wird bewusst nicht angespielt. Das darf der Trailer noch nicht einmal ansatzweise vorwegnehmen – sonst wäre die Spannung dahin.

Hier zeigt sich, mit wie wenig Worten gerade werbende Text-Bild-Produkte auskommen können, wenn sie rhetorisch geschickt (Text und Bild!) angeordnet sind. Gut gewählt ist die Pointierung »Keiner kann aus seiner Haut«. Sie macht deutlich, wie geeignet leicht eingängige Sätze gerade für Trailer sind. Schließlich folgen als stärkste Argumente der Name des Hauptdarstellers und der Titel des Filmes

Clint Eastwood – Erbarmungslos!

Darauf läuft der ganze Trailer hinaus.

Beispiel für einen weiteren Trailer

Ein kaltblütiger Killer. Ein brutaler Raubüberfall. Es gibt nur einen Zeugen. Er kennt das Gesicht des Mörders. »The Innocent – Jagd auf ein unschuldiges Kind«. Nächsten Montag auf …

11   Eine gelungene Reportage

Wa Tham Krabog – Tempel der Drogenabhängigen

(Gesamtlänge: 9'15)

1'05 – 1'29

Musik ist wie eine Droge für Alex. Durch sie kann er dieser Welt entfliehen. Mehr als zehn Jahre ist der Australier auf der Flucht, mithilfe von Heroin. Für ihn und seine thailändischen Freunde ist das buddhistische Kloster Tham Krabog, 150 Kilometer von Bangkok entfernt, letzte Zuflucht und letzte Chance zugleich.

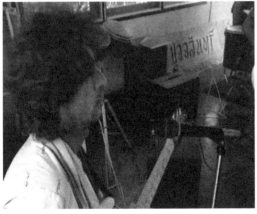

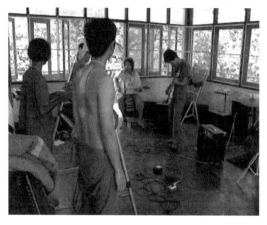

Der Film beginnt mit der Naheinstellung einer Gitarre. Die Musik »Knocking on Heaven's Door« steht offen, ohne Text. Die Kamera zieht auf und zeigt das Gesicht des Musikers. Erst dann setzt der Text ein, die Musik läuft während der gesamten Szene im Hintergrund weiter. Ein bildlich und tonlich gelungener Beginn. Dieser Einstieg ist für den Zuschauer überraschend. Er wird ihn neugierig machen. Häufig beginnen Filme mit dem Naheliegenden, in diesem Fall etwa mit Bildern der Totalen des Klosters und großen Buddhastatuen. Dieser Beginn wäre weniger originell und würde den Zuschauer nicht sofort in seinen Bann ziehen.

Im Text führt der Autor einen der Protagonisten der Reportage mit einem gelungenen Wortspiel ein:

Musik ist wie eine Droge für Alex.

Auf verschiedenen Einstellungen im Musikraum folgen dann Erklärungen zum Protagonisten und den anderen Musikern. Dabei bleibt der Autor mit seinem Text nahe an dem, was im Bild zu sehen ist:

> ... mehr als zehn Jahre ist der Australier auf der Flucht ... seine thailändischen Freunde ...

Es folgen Angaben zum Ort des Geschehens und zu seiner Bedeutung:

> ... das buddhistische Kloster Tham Krabog, letzte Zuflucht und letzte Chance zugleich.

Die Musik bleibt auch am Ende dieser Passage offen stehen. Das erzeugt Atmosphäre und gibt dem Zuschauer die Möglichkeit, einen Moment nachzudenken. Zudem macht der Autor den Zuschauer neugierig und gibt den roten Faden des Filmes vor: Was verbirgt sich hinter der Formulierung »letzte Zuflucht und letzte Chance zugleich«?

1'30 – 2'00

Eine besondere Art des Drogenentzugs hat das Kloster bei Junkies berühmt gemacht. Harte Arbeit gehört zur Therapie der Mönche. Unter ihrer Anleitung erbauen Abhängige einen Tempel zur Ehre Buddhas. Bob Dylans Kultlied schallt noch über den Tempelhof. »Knocking on Heaven's Door« – anklopfen an die Himmelspforte – viele Abhängige standen schon kurz davor.

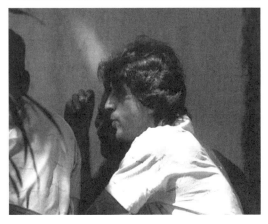

Die Musik spielt im Hintergrund weiter. Der Schauplatz wechselt, was die Totale des Klostergeländes deutlich macht. Der Text sagt, was das Kloster so außergewöhnlich macht und erklärt, was sich hinter den Worten »letzten Zuflucht« beim Einstieg in den Film verbirgt:

> Eine besondere Art des Drogenentzugs.

Es folgt eine halbnahe Einstellung der arbeitenden Patienten. Der Autor spricht das Bild an, gibt dabei aber weiterführende Informationen:

> Harte Arbeit gehört zur Therapie der Mönche.

Auf neutralen Bildern der Süchtigen im Tempelhof greift der Autor noch einmal die Musik auf. Sie ist mit dem Thema des Filmes eng verknüpft und fungiert als Metapher. Das wird in den Text mit einbezogen:

> Bob Dylans Kultlied schallt noch über den Tempelhof.

Dramaturgisch ist gut gelungen, dass der Protagonist in dem Moment nah im Bild zu sehen ist, in dem der Autor den Namen des Liedes im Text erwähnt:

> Knocking on Heaven's Door – Anklopfen an die Himmelpforte. Viele Abhängige standen schon kurz davor.

Diese zwei kurzen Sätze erfüllen gleich mehrere Funktionen. Sie führen dem Zuschauer den Ernst der Lage eindrucksvoll und unpathetisch vor Augen. Außerdem greifen sie die Musik auf und leiten gleichzeitig pointiert zum folgenden O-Ton hin.

2'01 – 2'28 (O-Ton Alex)

Hier reinigen sie deinen ganzen Körper und geben dir Halt. Sie lenken deinen Geist ab und geben dir Beschäftigung. Deine Seele verpflichtet sich in einem Gelöbnis. Ich entschuldige mich für den Ärger, den ich verursacht habe. Nie mehr Drogen. In Tham Krabog wollen sie den kompletten Menschen heilen. Es ist fabelhaft hier, ein Tempel, der Wunder vollbringt.

Der O-Ton ist in einer Umgebung aufgenommen, die dem Zuschauer vertraut ist. Alex steht vor dem Schlagzeug, das bereits vorher im Bild zu sehen war.

2'29 – 2'40

Doch für viele Drogenabhängige ist es zunächst einmal die Hölle. Drogenentzug und harte Arbeit, stets unter Kontrolle, ein Leben, das so gar nichts mit dem Leben auf der Straße zu tun hat.

123

Nach dem O-Ton folgt eine Totale der Süchtigen, die auf dem Hof arbeiten. Der Autor greift den Inhalt des O-Tones auf und benutzt dabei ein Gelenkwort, um den folgenden Gegensatz deutlich zu machen:

> Doch für viele Drogenabhängige ist es zunächst einmal die Hölle ... Von ... einem Tempel, der Wunder vollbringt

war im O-Ton die Rede. Im Zusammenspiel mit den Bildern, die nun gar nicht nach Wundern aussehen, macht der Autor im Text den großen Kontrast zwischen dem Ziel und dem Weg der Abhängigen deutlich.

Danach folgt die Erklärung:

Drogenentzug und harte Arbeit, stets unter Kontrolle.

Dabei achtet der Autor bei seinem Text sehr genau auf das Bild. Bei der Naheinstellung des Asphaltes der Treppe spricht er von »dem Leben auf der Straße«.

2'41 – 3'03

Gordon, der Amerikaner aus Harlem, New York, ist seit zwölf Jahren Mönch in Tham Krabog. Auch er sucht Erlösung und Vergebung hier. In seinem ersten Leben, so erzählt Gordon, sei er ein Killer und Söldner gewesen. Damit meint er die Zeit vor dem Eintritt in den Orden.

Geschickt führt das Bild den zweiten Protagonisten des Filmes ein. Nach der Naheinstellung der Treppe erscheint Gordon in einer halbtotalen Einstellung in der gleichen Umgebung. Diese Einstellung ist relativ lang. Im Text werden Informationen zu Gordon gegeben:

> Gordon, der Amerikaner aus Harlem … seit 12 Jahren Mönch …

Danach geht der Angesprochene aus dem Bild. Eine Naheinstellung von anderen Abhängigen wird gezeigt. Dennoch werden weiter Informationen zu Gordon gegeben:

> … sei er ein Killer und Söldner gewesen …

Das scheint auf den ersten Blick eine klassische Text-Bild-Schere zu sein. Wir glauben, dass sie hier ausnahmsweise gerechtfertigt ist. Denn über die Menschen, die wir bereits jetzt im Bild sehen, wird Gordon im darauf folgenden O-Ton sprechen. In der nächsten Einstellung läuft Gordon auf die Junkies zu. Der Zuschauer kann dem Geschehen bildlich folgen: Gordon läuft über die Treppe, er geht aus dem Bild, irgendwo anders sitzen Junkies, Gordon kommt ins Bild und äußert sich zu ihrer Vorgeschichte. Ein nachvollziehbarer Bildaufbau. Die Verbindung zwischen den sitzenden Junkies und Gordon wird deutlich. Allerdings wäre es besser gewesen, wenn der Autor während seiner Erläuterungen zu Gordon kurz auf das Bild der sitzenden Junkies eingegangen wäre. Etwa so:

> Wie Gordon suchen auch sie hier Erlösung und Vergebung.

3'04 – 3'28 (O-Ton Gordon)

Diese 14 Patienten sind heute angekommen. Sie geloben, dass sie allen Drogen abschwören. Für 30 Tage sind sie hier im Kloster, niemand kann den Entzug abbrechen. Das Durchschnittsalter ist 18. Fast alle sind heroinabhängig.

Der O-Ton erklärt, wer in den vorigen Einstellungen gezeigt wurde. Die Patienten, über die Gordon spricht, sind im Hintergrund zu sehen.

3'29 – 3'46

Trommeln rufen die Neuankömmlinge zur schmerzvollen Prozedur: Die erste Stufe im Ritual der Reinigung dauert fünf Tage. Bevor der Geist die psychische Abhängigkeit von Drogen verliert, muss der Körper sich aller giftigen Stoffe entledigen. Das ist die Philosophie von Tham Krabog.

Es folgt eine Naheinstellung von Trommelstöcken. Das Trommeln steht zunächst offen. Ein Schauplatzwechsel wird deutlich. Die Trommeln werden im Text direkt angesprochen. Dabei gibt der Autor neue Informationen:

> Trommeln rufen die Neuankömmlinge zur schmerzvollen Prozedur.

Die anschließende Totale macht die große Zahl der Abhängigen deutlich. Die Geräusche stehen mehrmals für einige Sekunden offen, um die Atmosphäre wirken zu lassen – für einen als Reportage aufgebauten Beitrag sehr geeignet. Es folgt ein langsamer Schwenk über die Gesichter der Süchtigen. Auf diese relativ lange Einstellung wird im Text die Philosophie der Therapie erklärt:

Bevor der Geist die psychische Abhängigkeit von Drogen verliert, muss der Körper sich aller giftigen Stoffe entledigen.

Der Zuschauer kann mit den Süchtigen geradezu mitfühlen.

3'47–4'14

Dabei soll dieses Wundermittel helfen, ein Trank aus 100 Kräutern. Sein Rezept ist geheim. Der Abt gibt jedem Abhängigen ein kleines Glas der schwarzen Brühe. Doch folgen die Junkies nicht einem obskuren Guru, sondern einem Entzug, der in ganz Asien bekannt ist als überaus hart und erfolgreich. Längst ist das Kloster auch unter Ausländern ein Geheimtipp.

Die nächsten Einstellungen sind typische Beispiele für eine Reportagekamera. Beginnend auf der Flasche mit der Medizin folgt die Kamera dem Abt und wartet, was passiert. Dabei wird die Handlung nicht durch Schnitte unterbrochen. Die Kamera fährt nah an einen Süchtigen heran, der den Trank zu sich nimmt. Der

Zuschauer kann die Situation direkt miterleben. Erst dann folgt ein Umschnitt in eine Totale, die die sitzende Gruppe zeigt. Die Szene wird von Klatschen und Gesang begleitet, die häufig offen stehen. Im Text geht der Autor nur sehr sparsam mit Informationen um. Zunächst spricht er den Inhalt der Flasche an:

Dabei soll dieses Wundermittel helfen, ein Trank aus 100 Kräutern ...

Er textet eng am Bild:

... ein Glas der schwarzen Brühe.

Danach folgen Informationen zu der Bedeutung des Trankes:

... ein Entzug, der in ganz Asien bekannt ist als überaus hart und erfolgreich; ... auch unter Ausländern ein Geheimtipp.

4'15 – 4'40

Literweise müssen die Junkies so genanntes Heilwasser trinken. Es soll ihnen helfen, die ärgsten Schmerzen zu überwinden. Wie ein Vulkan wird der Magen zum Ausspeien getrieben. Die giftigen Stoffe sollen den Körper verlassen. Der Organismus sei danach fast drogenfrei, heißt es.

Die folgende Passage beginnt mit einem langsamen Schwenk über die Junkies, die den Trank zu sich nehmen. Im Text werden Einzelheiten der Methode erläutert:

> Literweise müssen die Junkies ..., es soll ihnen helfen ...

Dabei textet der Autor die starken Bilder nicht unnötig zu. Immer wieder gibt er dem Zuschauer die Gelegenheit, sich für einige Sekunden auf die ausdrucksstarken Bilder einzulassen. Anschließend unterstützt der Autor im Text die ohnehin schon aussagekräftigen Bilder der Spucktherapie, zunächst durch eine passende Metapher:

> Wie ein Vulkan wird der Magen ..., die giftigen Stoffe sollen den Körper verlassen.

Die folgende Nahaufnahme einer Süchtigen lässt der Autor unkommentiert. Sie verdeutlicht eindrucksvoll die Tortur.

4'41–5'01

Die ersten Entzugstage sind die härtesten. Deshalb werden die Neuankömmlinge für eine Woche einge-sperrt. Viele, so fürchten die Mönche, würden sonst zurück in die gewohnte Sucht entfliehen und die Therapie abbrechen.

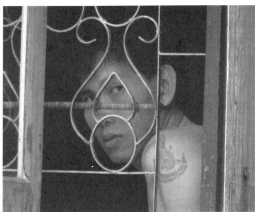

Der nun folgende Ortswechsel wird erneut durch eine Totale eingeleitet. Zu die-sem Bild gibt der Autor Informationen, die den Zuschauer zu einem weiteren Aspekt des Filmes führen:

Die ersten Entzugstage sind die härtesten.

Die Kamera fährt anschließend auf ein vergittertes Fenster, hinter der Gesichter zu sehen sind. Im Text folgt die Erklärung des Bildes:

Viele würden sonst zurück in die gewohnte Sucht entfliehen und die
Therapie abbrechen.

5'02 – 5'21

Dass der Glaube Berge versetzt, predigen sie in Wa
Tham Karbog nicht. Wer
aber den Buddhismus stu-
dieren will, kann das auf freiwilliger Basis tun. Drogen
sind zum Fluch der thailändischen Gesellschaft geworden, vor allem Jüngere
haben den Glauben an sich
selbst, an Buddha, an irgendetwas längst verloren.

Wieder ist es eine Totale, die einen Schauplatzwechsel einleitet. Neutrale Bilder
des Klosterlebens werden gezeigt. Ein langsamer Schwenk wird genutzt, um einordnende Informationen zu geben:

Dass der Glaube Berge versetzt … , wer den Buddhismus studieren will, kann das auf freiwilliger Basis tun.

Es folgen lange Naheinstellungen von Süchtigen, die essen. Sie stehen stellvertretend für Teile der thailändischen Gesellschaft:

Drogen sind zum Fluch …

Das Gesicht einer jungen Frau wird gezeigt, der Autor textet dicht am Bild und gibt ergänzende Informationen:

Vor allem Jüngere …

Danach gibt er weitere Informationen und leitet gleichzeitig zu dem folgenden O-Ton hin:

… haben den Glauben an sich selbst, an Buddha, an irgendetwas verloren.

5'22 – 5'43 (O-Ton Ki)

Jeder von uns weiß, wie sehr der Entzug weh tut. Draußen in der Welt nimmt man einfach eine Pille, doch hier ist das nicht erlaubt. Jeder hilft dem anderen, so gut er kann, das ist unser Glaube.

Der O-Ton ist in einer Naheinstellung aufgenommen. Dennoch ist die Umgebung dem Zuschauer vertraut, weil das Interview an dem Tisch spielt, an dem die Frauen zuvor gegessen haben. Die Antworten der Frau stehen in ihrer thailändischen

Muttersprache offen, bevor die deutsche Übersetzung beginnt. Das ist sinnvoll, da es den originalen Sprechausdruck der Frau vermittelt.

5'44–5'47 (O-Ton Zwischenfrage)

Warum habt Ihr Heroin genommen?

5'48–6'05 (O-Ton Ki)

Ohne Drogen gelte ich nichts bei meinen Freunden. Heroin gibt mir Anerkennung und Ruhe. Ich musste in Nachtclubs singen, um genügend Geld zu verdienen. Ich glaube an nichts mehr.

6'06–6'24

Kontrolle und Disziplin sollen den Abhängigen den Glauben an sich selbst zurückgeben. Selbstkontrolle über den Geist, Disziplin über den eigenen Körper – die Meditation ließ Geist, Körper und Seele wieder eins werden.

Wieder wechselt der Autor durch eine Totale den Schauplatz. Die Süchtigen sind bei der Arbeit zu sehen. Im Text gibt es Erklärungen zum Sinn der im Bild gezeigten Arbeit. Zudem versetzt der Autor den Zuschauer in die Gefühlswelt der Süchtigen:

> Kontrolle und Disziplin sollen den Abhängigen den Glauben an sich selbst zurückgeben ...

6'25 – 6'56

Morgens und abends treffen sich die Mönche, um gemeinsam zu meditieren. Sie gehören zum Orden der Waldmönche, der wie alle Buddhisten an die Ganzheitlichkeit von Geist, Körper und Seele glaubt. Auch für sie gelten strenge Regeln: Nur in der Frühe eine Mahlzeit, fortbewegen dürfen sie sich nur zu Fuß, fünf Tage dauert es bis Bangkok.

137

Es folgt die Passage, die Informationen zu den Mönchen gibt – eingeleitet durch einen Mönch, der eine Glocke läutet. Diese Einstellung steht offen. Dann folgen ruhige Einstellungen der Mönche bei ihrem täglichen Arbeitsablauf, den der Autor im Text beschreibt:

> Morgens und abends treffen sich die Mönche, um gemeinsam zu meditieren … strenge Regeln … nur in der Frühe eine Mahlzeit …

Der Bezug zur nächsten Passage, die von Touristengruppen aus Bangkok handelt, wird originell hergestellt, in typisch mündlicher Sprache:

> … fortbewegen dürfen sie sich nur zu Fuß, fünf Tage dauert es bis Bangkok.

Der Text liefert weiterführende Informationen zum Bild.

139

6'57–7'26

Aus Bangkok kommen die
Touristengruppen, die von
dem berühmten Kloster und
seiner unappetitlich anzie-
henden Entziehungskur
gehört haben. Wie in einem
Zoo geht es hier manch-
mal zu. Das Kloster braucht
die Touristen, denn es finan-
ziert sich allein durch pri-
vate Spenden. Und Gordon
sorgt schon dafür, dass die
Touristen auch ein bisschen
Geld dalassen.

Die nächste Passage zeigt Kontraste, die bildlich hervorragend in Szene gesetzt sind. Sie beginnt mit der langen Einstellung eines Touristen, der eine Videokamera bedient. Hinter ihm folgen weitere Touristen. Zu diesen Bildern werden zunächst einordnende Informationen gegeben:

> … Touristengruppen, die von dem berühmten Kloster und seiner unappetitlichen Entziehungskur gehört haben.

Es folgt eine halbnahe Einstellung der Touristen. Der folgende Umschnitt zeigt spuckende Süchtige, ebenfalls halbnah. Beide Einstellungen in dieser Art und

Weise aneinander geschnitten, sprechen für sich. Mit einem passenden Vergleich verstärkt der Autor das unsensible Verhalten der Touristen:

> Wie in einem Zoo geht es hier manchmal zu …

Gleichzeitig nutzt der Autor diese Passage, um zu erklären, warum das Kloster seine Pforten für Touristen öffnet:

> … braucht die Touristen, denn es finanziert sich allein durch private Spenden.

Anschließend leitet der Autor auf den folgenden O-Ton hin, ohne gegen das Bild zu texten. Dabei lässt er einen bereits beim Zuschauer eingeführten Protagonisten erneut zu Wort kommen:

> Und Gordon sorgt schon dafür, dass die Touristen ein bisschen Geld dalassen.

7'27 – 7'48 (O-Ton Gordon)

Irgendwie bin ich hier gelandet auf meiner Weltreise als Söldner. Hier seien Ausländer, die Hilfe brauchten, hat man mir erzählt. Also habe ich »hello« gesagt, doch niemals »goodbye«. Ich will mein eigenes Konto wieder in Ordnung bringen: diejenigen, die ich getötet habe, gegen diejenigen, die ich hier retten konnte.

Der O-Ton erzeugt viel Atmosphäre, weil er in der Menge der Touristen aufgenommen wurde – ein typisches Reportageelement. Der Zuschauer bleibt mitten im Geschehen.

7'49–8'19

Alex ist aus anderen Gründen hier. Gemeinsam ist ihnen jedoch die Suche nach Hilfe, nach Errettung. Das Dampfbad in der mit Kräutern beheizten Sauna zählt neben Spucktherapie und Meditation ebenfalls zum Drogenentzug. Alex ist vom Erfolg dieser Therapie überzeugt.

143

Es folgt ein Schauplatzwechsel. Der Autor führt in Bild und Text einen neuen Aspekt ein. In einer Totalen ist Alex zu sehen, der mit anderen Junkies auf dem Weg zur Sauna ist. Der Autor kehrt zu dem Protagonisten zurück, der dem Zuschauer am Anfang des Filmes vorgestellt wurde. Dabei wird das Ende von Gordons O-Ton im Text aufgegriffen:

> Alex ist aus anderen Gründen hier. Gemeinsam ist ihnen die Suche nach Hilfe, nach Errettung.

Ein schönes Beispiel für die textlich gelungene Verknüpfung zweier filmischer Blöcke. Es folgt eine Totale, die offen steht. Der Zuschauer sieht, dass die Süchtigen auf dem Weg zu der Sauna sind. Dafür ist kein Text notwendig. Danach wird gezeigt, wie die Süchtigen die Sauna betreten. Im Text wird die Sauna als Therapiemethode vorgestellt:

> Das Dampfbad in der mit Kräutern beheizten Sauna zählt neben Spucktherapie und Meditation ebenfalls zum Drogenentzug.

Auf ein neutrales Bild vom Eingang der Sauna folgt die Überleitung zum O-Ton. Diese gibt eine Information über die Einstellung von Alex, nimmt aber den Inhalt des O-Tons nicht vorweg:

> … ist vom Erfolg der Therapie überzeugt.

8'20 – 8'38 (O-Ton Alex)

Jeden Morgen schwöre ich Gott, dass es mit den Drogen vorbei ist. Die Mönche hier nehmen dein Leben wirklich in ihre Hände. Wenn du hier raus kommst, bist du fertig mit Heroin und dem anderen Mist. Es ist verdammt hart. Doch im Kampf auf Leben und Tod gibt es keinen zweiten Sieger.

Alex ist in der Umgebung der Sauna interviewt worden. Der Zuschauer erkennt, dass er schwitzt. Die Atmosphäre bleibt erhalten.

8'39 – 9'15

80.000 Abhängige haben sich im Lauf der Zeit dieser Tortur unterzogen. Weit mehr als die Hälfte sei geheilt worden. Auch Alex ist am Ende seiner Flucht angekommen. Tham Krabog hat ihm den Glauben an sein eigenes Leben wiedergegeben. Und das ist mehr, viel mehr, als er jemals erwartet hätte.

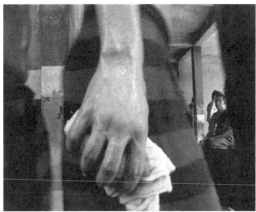

Der letzte Abschnitt des Filmes endet mit den Junkies, die die Sauna verlassen. Die schon etablierte Musik »Knocking on Heaven's Door« steht offen. Sie läuft auch im Hintergrund weiter, als der Text wieder einsetzt. Die Kamera verändert ihren Standpunkt nicht, als die Männer dicht an ihr vorbeilaufen. So sind im Vordergrund nur Hände zu sehen, im Hintergrund die Süchtigen, die die Sauna verlassen. Dann schwenkt die Kamera auf eine Gruppe von Abhängigen. Die Bilder vermitteln eine Aufbruchstimmung. Der Autor nutzt sie für sein Fazit. Dabei bleibt er nah am Bild. Abhängige sind zu sehen, ihre Torturen sind dem Zuschauer präsent:

> 80.000 Abhängige haben sich im Lauf der Zeit dieser Tortur unterzogen. Weit mehr als die Hälfte sei geheilt worden.

In der nächsten Einstellung tritt Alex vor die Tür. Erst folgt ihm die Kamera, dann zieht sie auf. Alex verschwindet in der langen Reihe der Männer.

Mit diesen Bildern wird das Ende des Films eingeleitet. Das Gefühl eines Abschieds kommt auf. Diese Stimmung greift der Autor im Text auf:

> Auch Alex ist am Ende seiner Flucht angekommen.

In der langen Schlusseinstellung ist der Protagonist nur noch von hinten zu sehen. Im Text gibt der Autor für Alex einen hoffnungsvollen Ausblick:

> Tham Krabog hat ihm den Glauben an sein eigenes Leben wiedergegeben.

Wie sieht die Zukunft aus für Alex? Wie wird es weitergehen mit den anderen? Diese Fragen kann der Autor nicht beantworten. Der Autor wählt deshalb zu Recht ein offenes Ende:

> Und das ist mehr, viel mehr, als er je erwartet hätte.

Bob Dylans Lied steht am Ende offen. »Knocking on Heaven's Door« – gerade bei diesem Film sagt das mehr als viele Worte.

147

12 Ein gelungener Bericht

La Coruña – Eine Stadt versinkt im Müll

(Gesamtlänge: 4'16)

1'00 – 1'11

Ein ekelerregender Gestank hängt über der Stadt. Seit 13 Tagen leben die Menschen – mit Verlaub – neben einem riesigen Haufen Scheiße.

Der Autor beginnt direkt bei den Betroffenen. Gleich das erste Bild, in dem sich eine Frau ein Tuch vor das Gesicht hält, lässt ahnen, was der Autor im Text erwähnt:

> Ein ekelerregender Gestank …

Mit zwei einfachen Sätzen schildert der Autor die Situation der Menschen, ohne die Ursache für ihre Probleme bereits vorwegzunehmen:

> … die Menschen leben – mit Verlaub – neben einem riesigen Haufen Scheiße.

Dabei bleibt er in seinem Text nah am Bild. Gleich in den ersten beiden Sätzen nutzt der Autor die Chance, dem Zuschauer ein Gefühl für »Geruch« zu vermitteln. Denn Gestank spielt in dem Bericht eine wichtige Rolle, und den können Bild und Ton nicht vermitteln. Die im Bild gezeigten Menschen werden im Text direkt angesprochen:

> … leben die Menschen …

Ohne gegen das Bild zu texten werden gleichzeitig Informationen gegeben:

> Seit 13 Tagen …

Der Wechsel der halbnahen Einstellungen unterstützt bildlich die Nähe zu den angesprochenen Menschen. Ein gelungener Einstieg, der den Zuschauer in das Thema hineinzieht. Auch deshalb, weil noch nicht zu viel vorweggenommen wird. Es bleibt noch genügend Raum für die Entwicklung der Geschichte.

1'12 – 1'22 (O-Ton Frau)

Es ist schrecklich, als gäbe
es keine Luft. Wir kommen
eben aus dem Krankenhaus.
Meine Mutter bekommt jetzt
Antibiotika. Ich habe Asthma.
Ich kann kaum noch atmen.
Es ist furchtbar.

Der O-Ton der Frau bestätigt die vom Autor angesprochenen Zustände in der Stadt. Die Kameraeinstellung bleibt halbnah. Die Umgebung ist zu sehen, während die Frau spricht. Die bedrückende Atmosphäre bleibt dadurch erhalten, und immer bleibt das Bild ganz dicht bei den Menschen. Ihr Problem ist nach wie vor präsent. Die Tücher der Frauen vor dem Gesicht machen es deutlich. Die Gegenwart der zweiten, im Interview unbeteiligten Frau verstärkt diesen Eindruck zusätzlich.

1'23 – 1'40

Wer eine zeitgenössische
Bebilderung für Dantes
Inferno sucht, hier ist sie.
Vom Himmel aus beo-
bachten die Experten
vom Küsten- und Katas-
trophenschutz den Ort des
Grauens.

Mit einer extrem bildstarken Totalen wechselt der Autor zum Ort des Geschehens. Dazu passt der Text. Er ist genauso ausdrucksstark wie das Bild und nimmt ihm dennoch nicht die Aufmerksamkeit. Das Schöne dabei: Es wird keine abgenutzte, sondern eine passende Metapher verwendet:

Dantes Inferno

Dabei bleibt der Autor sogar noch dicht am Bild, das er in seinen Text einbezieht:

zeitgenössische Bebilderung

Ein äußerst gelungenes Zusammenspiel von Bild und Text. Nach der Totalen erfolgt ein Umschnitt auf eine halbnahe Einstellung eines Hubschraubers. Dazu folgt im Text die Erklärung:

Vom Himmel aus beobachten die Experten …

Der Autor bezieht den Hubschrauber mit in den Text ein, ohne ihn direkt anzusprechen. Dabei gibt er Informationen über die Hubschrauberbesatzung:

Experten vom Küsten- und Katastrophenschutz

Häufig werden gerade zu solchen Einstellungen Sätze wie

Hubschrauber kreisen am Himmel.

getextet. Das gibt keinerlei Information, und außerdem kann das der Zuschauer sehen.

1'41 – 1'54

Sie haben Maßnahmen eingeleitet. Eilig und ohne Hoffnung. Was an schwerem Gerät in der Gegend war, wurde herbeigeordert, darunter Bulldozer von einer nahe gelegenen Goldmine. Statt Gold suchen sie jetzt Schadensbegrenzung.

Es folgt ein Umschnitt zurück auf das Geschehen am Boden. Langsam nähern wir uns dem Ort des Unglücks. Auf die halbnahe Einstellung des Lkw folgt ein Umschnitt auf die Halbtotale der Müllkippe, der sich der Lkw nähert und auf der bereits ein Bulldozer arbeitet.

Der Lkw verdeutlicht die im Text angesprochenen Maßnahmen der Experten:

Sie haben Maßnahmen eingeleitet ...

Der Satz

Eilig und ohne Hoffnung

spiegelt die Stimmung der Bilder wider und unterstützt deren Wirkung. Erneut bleibt der Autor eng am Bild und gibt dabei Informationen, ohne Offensichtliches anzusprechen:

Was an schwerem Gerät in der Gegend war, wurde herbeigeordert ...

Wer die Maschinen geordert hat, ist für den Zuschauer nicht von Bedeutung. Deshalb ist in diesem Fall das Passiv unproblematisch. Die im Bild zu sehenden Bulldozer beinhalten eine originelle Geschichte, deshalb spricht der Autor sie direkt an, allerdings nur mit Bezug auf ihre Funktion in der der Müllkippe:

... darunter Bulldozer von einer nahe gelegenen Goldmine. Statt Gold suchen sie jetzt Schadensbegrenzung.

Wieder gelingt es dem Autor, durch eine treffende Bildansprache Stimmungen zu erzeugen und Informationen zu übermitteln.

1'55 – 2'07

Am zwölften diesen Monats gegen Mittag brach der riesige Müllberg von La Coruña auseinander. Über zwanzig Jahre lang hatte man hier achtlos und routinemäßig die Exkremente der Einwohner der galizischen Hafenstadt entsorgt. Aus den Augen, aus dem Sinn. Jetzt sind Millionen Tonnen Müll ins Rutschen geraten.

In der folgenden Passage wird die Ursache für das im Bild gezeigte Chaos beschrieben. Um das ganze Ausmaß der dramatischen Situation deutlich zu machen, verwendet der Autor zunächst in der totalen Kameraeinstellung einen langsamen Schwenk über die Müllkippe. Auf diese Bilder folgen erläuternde Informationen für den Zuschauer:

> Am zwölften diesen Monats ... über zwanzig Jahre lang ... Millionen Tonnen Müll ... der galizischen Hafenstadt.

Auch hier gelingt es dem Autor, Informationen weiterzugeben, ohne die Bildansprache zu vernachlässigen:

> ... achtlos und routinemäßig die Exkremente der Einwohner ... entsorgt;
> ... Millionen Tonnen Müll ins Rutschen geraten.

Die Verantwortungslosigkeit der Einwohner verdeutlicht er mit einem kurzen, aber pointiert eingesetzten Einschub:

> Aus den Augen, aus dem Sinn.

Der Zuschauer erhält Stück für Stück neue Kenntnisse über die Ursachen. So bringt der Autor seine Geschichte dramaturgisch geschickt voran. Er hat am Anfang nicht all sein Wissen preisgegeben. So kann er den Bericht auch weiterhin spannend entfalten.

2'08 – 2'36

Seitdem ist es, 16 Stunden am Tag, ein Wettlauf gegen die Gesetze der Schwerkraft. Mit Steinen, Sand und Mörtel gegen die Pest. Die größte Umweltkatastrophe Spaniens droht es zu werden, verursacht durch Gedankenlosigkeit und Dummheit. Immer neue Risse zeigen, dass hier Kräfte am Werk sind, denen man nichts entgegenzusetzen hat. Unaufhaltsam wandert die gefährliche Lava auf das Meer zu. Ein Zentimeter pro Stunde.

Nach der Darstellung der Lage werden nun die Maßnahmen der Helfer gezeigt. Dabei weist der Autor noch einmal auf die Dimension der Katastrophe hin. Er beginnt diesen Teil des Beitrages mit einem Umschnitt von der Totalen der Müllkippe in eine Naheinstellung. Das Gesicht eines Arbeiters ist zu sehen. Er bleibt bildlich dicht bei den Helfern, während er ihre Arbeit erklärt:

... 16 Stunden am Tag ein Wettlauf gegen die Gesetze der Schwerkraft.

Auch hier findet der Autor eine gelungene Formulierung und benutzt dabei seinen eigenen originellen Stil. Den Wettlauf gegen die Gesetze der Schwerkraft kann sich der Zuschauer im Zusammenhang mit den bislang gezeigten Bildern gut vorstellen. Häufig werden bei solchen oder ähnlichen Passagen abgedroschene oder abgenutzte Phrasen verwendet wie

> Die Helfer waren pausenlos im Einsatz.

Auch bei der nächsten Einstellung, die einen Lkw in der Totalen zeigt, werden die Bemühungen der Helfer eng am Bild getextet:

> Mit Steinen, Sand und Mörtel gegen die Pest.

Die totale Einstellung gibt dem Autor Gelegenheit, noch einmal auf Ausmaß und Ursache des Chaos hinzuweisen:

> ... größte Umweltkatastrophe Spaniens droht es zu werden, verursacht durch Gedankenlosigkeit und Dummheit.

Nach der Totalen werden in einer nahen Einstellung die Risse im Berg gezeigt. Diese Risse werden direkt angesprochen, da man sie durch das Bild allein nicht einordnen kann. Allerdings wird das Bild nicht platt angetextet, wie etwa durch den Satz

> Immer neue Risse sind zu sehen.

Der Autor macht den Zuschauer nicht nur auf die Risse aufmerksam, er liefert zusätzlich eine weitere Information:

> ... dass hier Kräfte am Werk sind, denen man nichts entgegenzusetzen hat.

Ein Schwenk in einer totalen Einstellung schließt diesen Teil des Beitrages ab. Er beginnt mit der Mülllawine auf dem Land und zeigt dann, wie sie im Meer endet. Durch diese Bilder ist es dem Zuschauer möglich, die Lage der Müllkippe geografisch einzuordnen. Der Text unterstützt die Bilder und macht zudem deutlich, dass die Gefahr noch nicht gebannt ist:

> Unaufhaltsam wandert die gefährliche Lava auf das Meer zu. Ein Zentimeter pro Stunde.

2'37 – 2'54

Als der Berg auseinan-
derbrach, am ersten Tag,
begruben die Müllmassen
den Nachtwächter Joaquín
Cervantes unter sich. Bis
heute fehlt jede Spur von
ihm. Unter der Müllkippe
wohnten und wohnen ein
paar Menschen, die sich
kein anderes zu Hause leisten konnten. Was bleibt, ist
Galgenhumor.

Es folgen Naheinstellungen von Autos, die unter den Müllmassen begraben sind.
Der Autor nutzt diese Bilder, um über ein Todesopfer zu berichten. So wie im Bild
gezeigt oder zumindest so ähnlich könnte es dem Nachtwächter ergangen sein:

… begruben die Müllmassen den Nachtwächter Joaquín Cervantes unter
sich. Bis heute fehlt jede Spur von ihm.

Eine Halbtotale zeigt danach ein Haus, das von Müll fast verschüttet ist. Dieses Bild nutzt der Autor, um von dem Schicksal des toten Nachtwächters auf das Schicksal der Menschen zu kommen, die in unmittelbarer Nähe der Müllkippe leben:

> Unter der Müllkippe wohnten und wohnen ein paar Menschen, die sich kein besseres zu Hause leisten konnten.

Es folgt eine originelle Hinführung auf den O-Ton eines Betroffenen:

> Was bleibt, ist Galgenhumor.

Häufig sind in ähnlichen Situationen abgedroschene Sätze wie

> Sie stehen vor dem Ruin.

zu hören.

2'55–3'00 (O-Ton Mann)

Jetzt kommt der Wind vom Meer, das ist doch wunderbar. Was soll ich sonst sagen?

Ort und Kameraeinstellung für das Interview sind gut gewählt. Der Betroffene ist nicht zu nah abgebildet. Die Wäscheleine vor der Tür seines Hauses vermittelt Atmosphäre. Dadurch bleibt der Zuschauer auch während des Gesprächs bildlich dicht an der Müllkippe und seiner Umgebung.

3'01 – 3'03 (O-Ton Zwischenfrage)

Und was soll jetzt mit Euch geschehen?

3'04 – 3'09 (O-Ton Mann)

Mit uns? Was soll schon geschehen? Es geht weiter wie immer. Hier gibt es keine Gefahr. Nur für die anderen ist der Zutritt verboten.

3'10 – 3'14

Wer diesen Ausweis trägt, hat das Recht auf einen Platz in der Notaufnahme.

Mit der Naheinstellung eines Ausweises und dem anschließenden Aufzieher überbrückt der Autor die Passage zwischen zwei O-Tönen. Allerdings wird der Aufzieher bewusst in den Beitrag integriert und eine Information weitergegeben:

Wer diesen Ausweis trägt, hat das Recht auf einen Platz in der Notaufnahme.

Ein Zwischenschnitt wird hier geschickt umgangen. Reine Zwischenschnitte sind fast immer störend, weil sie nur als Notlösung zwischen zwei Bildteilen verwendet werden. In der Regel sagen sie inhaltlich nichts aus.

3'15–3'32 (O-Ton Frau)

Aber, wenn wir nicht hier bleiben, dann rauben sie uns die Häuser aus. Das ist in den ersten Tagen geschehen. Die Polizei sollte aufpassen. Aber die kommen und gehen. Solange unser Hab und Gut nicht sicher ist, müssen wir bleiben. Verstehen Sie, wir sind arm und das wenige, was wir haben, wollen wir nicht verlieren.

Auch hier sind Ort und Kameraeinstellung für das Interview gut gewählt. Der Zuschauer bleibt dicht an den betroffenen Personen und ihrer Umgebung. Im Hintergrund sieht er die Häuser, die die Frau im O-Ton anspricht.

3'33–3'47

Man hat ihnen gesagt, dass die aufsteigenden Gase giftig und gefährlich seien. Gefangen zwischen altem und neuem Elend bleiben sie. Menschenmüll, unsortiert und achtlos ausgesondert, voller unbekannter Gifte.

Nach dem Ende der Aussage bleibt die Kamera zunächst auf der Frau und wartet ab, wie sie sich nach einer Katze umsieht. Dieses ausdrucksstarke Bild nutzt der Autor, um in seinem Text an die Menschen anzuknüpfen:

> Man hat ihnen gesagt …

Erst dann folgt ein Umschnitt auf eine Naheinstellung des Mülls. Danach beginnt ein Schwenk, der in einer Halbtotalen des Mülls im Meer endet. Der Autor bleibt zunächst bei dem Schicksal der Menschen und textet dabei erneut nah am Bild:

> Gefangen zwischen altem und neuem Elend bleiben sie.

Er zieht das, was im Bild zu sehen oder zu erahnen ist – nämlich, dass man hier zwischen diesen Müllmassen elendig gefangen sein kann –, bewusst nach vorne und beendet seinen Satz ungewöhnlicherweise mit dem Subjekt, nämlich mit den Menschen, um die es zuvor ging. Für Fernsehberichte ist diese Art des Textens zum Bild geeignet. Hätte der Autor den Satz in seinem eigentlichen Duktus verwendet:

> Die Menschen bleiben hier, gefangen zwischen neuem und altem Elend.

wäre die Bildansprache nicht gelungen. Am Anfang des Satzes sieht der Zuschauer zunächst einmal nur Müll. Da wäre er durch die im Text erwähnten Menschen zumindest irritiert worden.

In der darauf folgenden Naheinstellung, die nach der Ruheposition der Kamera wieder in einen Schwenk übergeht, weist der Autor noch einmal auf die Gefahren hin, die von dem im Bild gezeigten Müll ausgehen:

> Menschenmüll, unsortiert und achtlos ausgesondert, voller unbekannter Gifte.

Hier wird bewusst auf ein Verb verzichtet. Dadurch wirken die Adjektive prägnant.

3'48 – 4'16

Unaufhaltsam treibt die stinkende Brühe weiter ins Meer. »Finis terrae« nannten die Römer diese Küsten, deren Bewohner damals wie heute nur einen Reichtum kannten: die Natur. Eine vom Menschen erzeugte Apokalypse. Weit weg in der Hauptstadt streiten Minister und Bürgermeister über Schuld und Verantwortung. Und in Brüssel haben vor kurzem die Experten kapituliert. Es gibt keinen wirksamen europäischen Umweltschutz.

Es folgt eine Naheinstellung, die zeigt, wie der Müll zwischen zwei Klippen hindurch ins Meer gelangt. Der Autor spricht das Bild direkt an. Es wird deutlich, dass die Verschmutzung bislang nicht zu stoppen ist:

> Unaufhaltsam treibt die stinkende Brühe ...

Die gleiche Einstellung benutzt er, um mit einem historischen Rückblick auf den Wert der Natur hinzuweisen, allerdings nicht, ohne auch dabei nah am Bild zu texten:

> ... nannten die Römer diese Küsten, deren Bewohner damals wie heute nur einen Reichtum kannten: die Natur.

Als Schlusseinstellung wählt der Autor eine Totale, die den Ort des Geschehens zeigt. Es beginnt ein langsamer Schwenk über die Müllkippe, der im Gegenlicht mit der Sonne im Hintergrund endet. Auch hier spricht der Autor zunächst das Bild direkt an, in dem er in einem kurzen Satz zusammenfasst, was hier geschehen ist:

> Eine vom Menschen erzeugte Apokalypse.

Das Bild bestätigt den Text in eindrucksvoller Weise.

Das Ende seines Beitrages nutzt der Autor, um wichtige Informationen zu geben, die über den Schauplatz hinausgehen. Für den Schluss wählt er einen langen Schwenk, der nicht durch Schnitte unterbrochen wird. Der Zuschauer wird nicht durch einen Wechsel der Kameraeinstellungen abgelenkt, wenn im Text Informationen gegeben werden, die nicht unmittelbar am Ort des Unglücks spielen. Der Autor spricht das auch direkt an, um den Zuschauer nicht zu verwirren:

> Weit weg in der Hauptstadt beraten ... und in Brüssel haben die Experten ...

Dadurch wird dem Zuschauer klar, dass die Müllkippe von La Coruña ein überregionales Problem darstellt. Das wird durch eine unmissverständliche Aussage am Schluss noch einmal bekräftigt:

> Es gibt keinen wirksamen europäischen Umweltschutz.

Anmerkungen

1   Gerhardt, R.: Lesebuch für Schreiber. Vom journalistischen Umgang mit der Sprache. Ein Ratgeber in Beispielen. Frankfurt/M. 1994, S. 25
2   Winterhoff-Spurk, P.: Fernsehen. Psychologische Befunde zur Medienwirkung. Bern u. a. 1986, S. 172
3   Sicking, P.: Leben ohne Fernsehen. Wiesbaden 1998, S. 98
4   Postman, N.: Wir amüsieren uns zu Tode. Urteilsbildung im Zeitalter der Unterhaltungsindustrie. Frankfurt/M. 1994, S. 128
5   Enzensberger, H. M.: Mittelmaß und Wahn. Gesammelte Zerstreuungen. Frankfurt/M. 1988, S. 96
6   Winterhoff-Spurk 1986, S. 154
7   Postman 1994, S. 115
8   Enzensberger 1988, S. 96
9   Brunner, U.: Fernseh-Journalismus. In: Pürer, H. (Hg.), Praktischer Journalismus in Zeitung, Radio und Fernsehen, 2. Aufl. Konstanz 1996, S. 8 ff.
10 Stein, S.: Über das Schreiben. Frankfurt/M. 2005, S. 24
11 Wember, B.: Wie informiert das Fernsehen? Ein Indizienbeweis. 3. Aufl. München 1983, S. 69
12 Brecht, B.: Werke in 20 Bänden, Bd. 28, Frankfurt/M. 1967, S. 161
13 Wember 1983, S. 31 ff.
14 Schneider, N. J.: Handbuch der Filmmusik, Bd. 1. München 1990, S. 64
15 Wember 1983, S. 49
16 Heussen, G. A.: Der Film tropft ab, wie eine Haut. Analyse einer Filmsequenz. In: Pawlowski, K. (Hg.): Sprechen – Hören – Sehen. München – Basel 1993, S. 81 ff.
17 Appel, R.: Die Fernsehsprache in den Nachrichten. In: Varwig, F. R. (Hg.): Sprechkultur im Medienzeitalter. Frankfurt/M. 1986, S. 44
18 Postman, N.: Das Verschwinden der Kindheit. Frankfurt/M. 1983, S. 92 f.
19 Rico, G.: Garantiert schreiben lernen. Reinbek 1984, S. 64 ff.
20 Wember 1983, S. 39
21 Geißner, H.: Zur Rhetorizität des Fernsehens. In: ders.: Vor Lautsprecher und Mattscheibe. St. Ingbert 1991, S. 136
22 Wember 1983, S. 40
23 Winterhoff-Spurk 1986, S. 155
24 Ebd., S. 154

25 Wachtel, S.: Sprechen und Moderieren in Hörfunk und Fernsehen. 3. Aufl. Konstanz 2003, S. 25

26 Rico 1984, S. 65

27 Schult, G./Buchholz, A. (Hg.): Fernsehjournalismus. 3. Aufl. München und Leipzig 1990, S. 138

28 Schult/Buchholz 1990, S. 136

29 Wachtel, S.: Schreiben fürs Hören. Trainingstexte, Regeln und Methoden. 3. Aufl. Konstanz 2003

30 Geißner 1991, S. 84–98

31 Schneider, W.: Deutsch! Reinbek 2005, S. 139

32 Schneider, W.: Deutsch für Kenner. Die neue Stilkunde. Hamburg 1993, S. 66

33 Sick, B.: Der Dativ ist dem Genitiv sein Tod. Noch mehr Neues aus dem Irrgarten der deutschen Sprache. Folge 3. Köln 2006, S. 186

34 Stein 2005, S. 283

35 Schneider, W.: Deutsch für Profis. Wege zum guten Stil. Hamburg 1984, S. 42

36 Schneider. W.: Deutsch fürs Leben. Was die Schule zu lehren vergaß. Reinbek 1994, S. 56 f.

37 Sick, B.: Der Dativ ist dem Genitiv sein Tod. Ein Wegweiser durch den Irrgarten der deutschen Sprache. Köln – Hamburg 2004, S. 46

38 Ordolff, M.: Fernsehjournalismus. Konstanz 2005, S. 84

39 Witzke, B./Rothaus, U.: Die Fernsehreportage. Konstanz 2003, S. 259

40 Schneider, W.: Deutsch! Reinbek 2005, S. 107

41 Reiter, M.: Die Phrasendrescher. Wie unsere Eliten uns sprachlich verblöden. Gütersloh 2007, S. 103

42 Ordolff 2005, S. 86

43 Appel 1986, S. 46

44 Titel des Aufsatzes von N. Gutenberg in: Radio-Nachrichten, Hg. v. J. Horsch/ J. Ohler/D. Schwiesau. München – Leipzig 1994, S. 54 f.

45 Horsch, J.: Zeiten und Zeitenfolge. In: Radio-Nachrichten. München – Leipzig 1994, S. 63

46 Yorke, I.: Television News. Oxford 1995, S. 109

47 Pruys, K. H.: »Im Vorfeld wird zurückgeschossen«. Wie Politiker und Medien die deutsche Sprache verhunzen. Berlin 1994

48 Huh, M.: Bild-Schlagzeilen. Wie das Fernsehen Nachrichten vermarktet. Konstanz 1996, S. 220

49 Klemperer, V.: LTI (Lingua Tertii Imperii). Notizbuch eines Philologen. 22. Aufl. Stuttgart 2007

50 Postman 1994, S. 110

51 Motto des Buches von C. Doelcker: »Kulturtechnik Fernsehen«. 2. Aufl. Stuttgart 1991

52 Hickethier, K: Film- und Fernsehanalyse. Stuttgart und Weimar 1996, S. 190

53 van Appeldorn, W.: Handbuch der Film- und Fernseh-Produktion. München 1992, S. 83

54 Kandorfer, P.: DuMonts Lehrbuch der Filmgestaltung. Köln 1990, S. 75 ff.

55 Noelle-Neumann, E.: Die öffentliche Meinung. Die Entdeckung der Schweige-spirale. Berlin 1996, S. 237

56 Bodo Witzke ist Autor vieler Reportagen für ZDF, 3sat und Arte. Er erhielt zahlrei-che Preise für seine Filme.

57 Hickethier 1996, S. 58 ff.

58 Cheshire, D.: Filmen. Bern 1981, S. 58 ff.; Hickethier 1996, S. 58 ff.

59 Kandorfer 1990, S. 78

60 Manche Filmwissenschaftler geben zusätzlich noch die amerikanische Einstellung an. Diese liegt zwischen Halbtotale und Halbnah. Vgl. Monaco, J.: Film verstehen. Hamburg 1980, S. 385

61 Kandorfer 1990, S. 78

62 Hickethier 1996, S. 59

63 Kandorfer 1990, S. 80

64 Ebd., S. 81

65 Hickethier 1996, S. 63

66 Ebd., S. 63

67 Kandorfer 1990, S. 86

68 Ebd., S. 87

69 Cheshire 1981, S. 64 ff.

70 Appeldorn 1992, S. 43 ff.

71 Hedgecoe, J.: Das komplette Video-Handbuch. München 1993, S. 57 ff.

72 Cheshire 1981, S. 70

73 Hickethier 1996, S. 63

74 Kandorfer 1990, S. 88

75 Yorke 1995, S. 109

76 Wember 1983, S. 49

77 Schmitz, U.: Kein Licht ins Dunkel – Der Text zum Bild der › Tagesschau‹. In: Bentele, G./Hess-Lüttich, E. W. B. (Hg.): Zeichengebrauch in Massenmedien. Tübingen 1985, S. 137–154

78 Burger, H.: Sprache der Massenmedien, 2. Aufl. Berlin – New York 1990. S. 359 ff.

79 Hickethier 1996. S. 103

80 Wember 1983, S. 69

81 Yorke 1995, S. 100

82 Doelker, C.: Kulturtechnik Fernsehen. 2. Aufl. Stuttgart 1991, S. 193

83 Zit. nach Häusermann, J./Käppeli, H.: Rhetorik für Radio und Fernsehen. 2. Aufl. Aarau 1994, S. 127

84 Yorke 1995, S. 109
85 Wember 1983, S. 168
86 Ordolff 2005, S. 79
87 Renner, K. N.: Mit Texten und Bildern informieren. Überlegungen zu einer Rhetorik des Fernsehjournalismus. Antrittsvorlesung Univ. Mainz. 1996
88 Farocki, H.: Das Fernsehfeature. Der Ärger mit den Bildern. In: Paech, J. (Hg.): Film- und Fernsehsprache 1. Frankfurt/M., Berlin und München 1978, S. 85
89 Schneider, W./Raue P.-J.: Handbuch des Journalismus. Reinbek 2003, S. 65
90 Wachtel 2003b
91 Vgl. Kapitel 10.1
92 Wachtel, S.: Überzeugen vor Mikrofon und Kamera. Frankfurt/M. – New York 1999, S. 123 ff.; Wachtel, S.: Rhetorik und Public Relations. München 2003, S. 41 ff.
93 Stein 2005, S. 49
94 Schult/Buchholz 1990, S. 132
95 Halim Hosny ist Reporter beim ZDF. Er arbeitet seit vielen Jahren als Korrespondent im In- und Ausland.
96 Witzke/Rothaus 2003, S. 266
97 Ebd.
98 Schult/Buchholz 1990, S. 135
99 Highsmith, P.: Suspense oder wie man einen Thriller schreibt. Zürich 1990, S. 91 f.
100 Schult/Buchholz 1990, S. 129
101 Hans-Dieter Grabe war über 30 Jahre lang Dokumentarfilmer beim ZDF. Er erhielt viele bedeutende Preise und Auszeichnungen.
102 Heussen, G. A.: Texten zum Film. Handout ZFP. Darmstadt 1998, S. 12
103 Tompkins, A.: Write fort the ear, Shoot fort the eye, Aim fort the heart. A Guide for TV Producers and Reporters. Chicago 2002
104 Schneider 1990, S. 91
105 Ebd., S. 16
106 Heussen 1998, S. 10
107 Ebd., S. 9
108 Lojewski, W. v.: Die Sorgen des Satelliten vor dem Wiedereintritt in die Atmosphäre – Wenn es Mittag in Washington ist, bleiben noch zwei Stunden bis zur Tagesschau. In: Das Erste 5/1991. S. 25
109 Weischenberg, S.: Nachrichtenschreiben. 2. Aufl. Opladen 1990; Häusermann/Käppeli 1994, S. 176 ff.
110 Heussen 1998, S. 30
111 Häusermann/Käppeli 1994, S. 89
112 Kruse, O.: Kunst und Technik des Erzählens. Wie Sie das Leben zur Sprache bringen. Frankfurt/M. 2002, 45 f.

113 Ursula Scheicher war Autorin vieler Reportagen für das ZDF, Arte und 3sat. Sie erhielt zahlreiche Preise für ihre Filme.

114 Jens Monath ist Reporter für die Redaktion Zeitgeschichte beim ZDF. Er ist Autor zahlreicher Beiträge aus aller Welt.

115 Witzke/Rothaus 2003, S. 266

116 Morawski, T./Weiss, M.: Trainingsbuch Fernsehreportage. Wiesbaden 2007, S. 118

117 Witzke, B./Rothaus 2003, S. 266

118 Ulli Rothaus ist Autor zahlreicher Reportagen für verschiedene Sendeanstalten.

119 Schult/Buchholz 1990, S. 316

120 Ordolff 2005, S. 272

121 Silbermann, A.: Handwörterbuch der Massenkommunikation und Medienforschung, Bd. 2. Berlin 1982, S. 69

122 Ordolff 2005, S. 273

123 Schadt, T.: Das Gefühl des Augenblicks. Bergisch-Gladbach 2002, S. 272

124 Zit. nach: Ziesel, G.: Feature im Fernsehen. In: Pürer, H. (Hg.): Praktischer Journalismus in Zeitung, Radio und Fernsehen. 2. Aufl. München 1996, S. 162

125 Goll, R./A. Treiber: Feature im Radio. In: Pürer 1996, S. 178

126 Ziesel, G.: Feature im Fernsehen. In: Pürer, H.: (Hrsg.): Praktischer Journalismus in Zeitung, Radio und Fernsehen. Konstanz 2. Aufl. 1996, S. 163

127 Farocki, H. zitiert nach: Janke, H.: Chancen aus Tradition. Überlegungen zur Programmgeschichte. In: Hillrichs, H./Janke, H. (Hg.): Die entfernte Wirklichkeit. Journalistisch-dokumentarische Programme im Fernsehen. Mainzer Tage der Fernseh-Kritik, Bd. XVII. Mainz 1985, S. 90

Literatur

Hans Beller (Hg.) (2002): Handbuch der Filmmontage, 4. Aufl. Konstanz

Harald Burger (2005): Mediensprache, 3. Aufl. Berlin/New York

Christian Doelker (1991): Kulturtechnik Fernsehen, 2. Aufl. Stuttgart

Syd Field (2003): Drehbuchschreiben für Fernsehen und Film. Berlin

Hellmut Geißner (1991): Vor Lautsprecher und Mattscheibe. Medienkritische Arbeiten. Sankt Ingbert

Rudolf Gerhardt (2005): Lesebuch für Schreiber. Vom richtigen Umgang mit der Sprache und von der Kunst des Zeitungslesens. Frankfurt/M.

Jürg Häusermann (2005): Journalistisches Texten. 2. Aufl. Konstanz

Jürg Häusermann/Heiner Käppeli (1994): Rhetorik für Radio und Fernsehen. 2. Aufl. Frankfurt/M.

Knut Hickethier (2007): Film- und Fernsehanalyse. 4. Aufl. Stuttgart/Weimar

Robert L. Hilliard (2003): Writing for Television, Radio, and New Media. 8. Aufl. Belmont

Pierre Kandorfer (2003): Lehrbuch der Filmgestaltung. Theoretisch-technische Grundlagen der Filmkunde. Stein-Bockenheim

Peter Kerstan (2000): Der journalistische Film. Jetzt aber richtig. Bildsprache und Gestaltung. Frankfurt/M.

Otto Kruse (2001): Kunst und Technik des Erzählens. Wie sie das Leben zur Sprache bringen können. Frankfurt/M.

Walther von LaRoche (2008): Einführung in den praktischen Journalismus. 18. Aufl. Berlin

James Monaco (2005): Film verstehen. Kunst, Technik, Sprache, Geschichte und Theorie des Films und der Neuen Medien. Reinbek

Thomas Morawski/Martin Weiss (2007): Trainingsbuch Fernsehreportage. Wiesbaden

Manfred Muckenhaupt (1986): Text und Bild. Grundfragen der Beschreibung von Text-Bild-Kommunikation aus sprachwissenschaftlicher Sicht. Tübingen

Martin Ordolff (2005): Fernsehjournalismus. Konstanz

Joachim Paech (Hg.) (1978): Film- und Fernsehsprache. Frankfurt/M. u. a.

Klaus Pawlowski (Hg.) (1993): Sprechen, Hören, Sehen. Rundfunk und Fernsehen in Wissenschaft und Praxis. München/Basel

Karl Hugo Pruys (2003): Im Vorfeld wird zurückgeschossen. Wie Politiker und Medien die deutsche Sprache verhunzen. Marburg

Heinz Pürer (Hg.) (2004): Praktischer Journalismus. Presse, Radio, Fernsehen, Online. 5. Aufl. Konstanz

Markus Reiter (2007): Die Phrasendrescher. Wie unsere Eliten uns sprachlich verblöden. Gütersloh

Karl N. Renner (2001): Die Text-Bild-Schere. Zur Explikation eines anscheinend eindeutigen Begriffs. In: Studies in Communication Sciences. 1/2001, S. 23–44

Karl N. Renner (2007): Fernsehjournalismus. Entwurf einer Theorie des kommunikativen Handelns. Konstanz

Repäsentanz Expert (Hg.) (2003): Corporate Speaking. Auftritt des Spitzenmanagements. Bonn u. a.

Gabriele Rico (2004): Garantiert schreiben lernen. Reinbek

Thomas Schadt (2005): Das Gefühl des Augenblicks. Zur Dramaturgie des Dokumentarfilms. 2. Aufl. Bergisch-Gladbach

Norbert Jürgen Schneider (1990): Handbuch Filmmusik, Band I: Musikdramaturgie im Deutschen Film, 2. Aufl. München

Wolf Schneider (2003): Deutsch fürs Leben. Was die Schule zu lehren vergaß. Reinbek

Wolf Schneider (2005): Deutsch für Kenner. Die neue Stilkunde. München

Wolf Schneider/Paul-Josef Raue (2003): Das neue Handbuch des Journalismus. Reinbek

Gerhard Schult/Axel Buchholz (Hg.) (2006): Fernsehjournalismus, 7. Aufl. Berlin

Bastian Sick (2004): Der Dativ ist dem Genitiv sein Tod. Ein Wegweiser durch den Irrgarten der deutschen Sprache. Köln/Hamburg

Peter Sicking (2008): Leben ohne Fernsehen. 3. Aufl. Wiesbaden

Sol Stein (2005): Über das Schreiben. Frankfurt/M.

Sabine Streich (2008): Videojournalismus. Ein Trainingshandbuch. Konstanz

Al Tompkins (2002): Write for the ear, Shoot for the eye, Aim for the heart. A Guide for TV Producers and Reporters. Chicago

Stefan Wachtel (1999): Überzeugen vor Mikrofon und Kamera. Frankfurt/New York

Stefan Wachtel (2003a): Sprechen und Moderieren in Hörfunk und Fernsehen. 5. Aufl. Konstanz

Stefan Wachtel (2003b): Schreiben fürs Hören. Trainingstexte, Regeln und Methoden. 3. Aufl. Konstanz

Stefan Wachtel (2003c): Rhetorik und Public Relations. München

Siegfried Weischenberg (1990): Nachrichtenschreiben. 2. Aufl. Opladen

Bernward Wember (1983): Wie informiert das Fernsehen? Ein Indizienbeweis. 3. Aufl. München

Horst Werner (2009): Fernsehen machen. Konstanz

Peter Winterhoff-Spurk (2001): Fernsehen. Fakten zur Medienwirkung. 2. Aufl. Bern u. a.

Bodo Witzke/Ulli Rothaus (2009): Die Fernsehreportage. 2. Aufl. Konstanz

Ivor Yorke (2000): Television News. 4. Aufl. Oxford

Index

Weiterlesen

Praktischer Journalismus

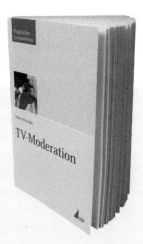